我们一起解决问题

动态股权

创业合伙人权益分配的新策略

常亮 王一萍 ◎ 著

人民邮电出版社

北京

图书在版编目（CIP）数据

动态股权：创业合伙人权益分配的新策略 / 常亮，王一萍著. -- 北京：人民邮电出版社，2021.10（2022.11重印）
ISBN 978-7-115-57256-1

Ⅰ. ①动… Ⅱ. ①常… ②王… Ⅲ. ①公司—股权—分配机制—研究 Ⅳ. ①F276.6

中国版本图书馆CIP数据核字（2021）第176150号

内容提要

经济全球化时代为广大有志之士提供了众多的创业机会，许多人已顺应时代趋势投身至创业的洪流中。然而，在实际的创业过程中，创业者们会遇到各种各样的问题和挑战。例如，合伙创业过程中的股权分配就是一个十分重要的问题。

为了解答创业者的疑惑，让创业公司在股权分配方面少走弯路，本书介绍了动态股权分配制度。具体而言，本书内容可分为两大部分。第一部分介绍了动态股权分配制度的意义、作用、风险，以及其与传统股权分配制度的差异等，让读者对该制度有深入的了解。第二部分将动态股权分配制度与公司发展过程中面临的相关问题进行融合，例如，创业前如何设计原始股权架构；创业中如何吸纳新合伙人，如何引入外部投资，引入外部投资后如何分配股权；如果合伙人在中途退出，股权又应如何处理等问题。总之，本书能够让读者全面认识动态股权分配制度的实际应用范围及效果，为读者处理股权分配的问题提供有效的指导。

本书适合创业者、融资者、企业管理人员、从事股权分配研究的专家以及高等院校相关专业的师生阅读。

◆ 著　　常　亮　王一萍
　责任编辑　张国才
　责任印制　胡　南

◆ 人民邮电出版社出版发行　北京市丰台区成寿寺路11号
　邮编 100164　电子邮件 315@ptpress.com.cn
　网址 https://www.ptpress.com.cn
　北京虎彩文化传播有限公司印刷

◆ 开本：700×1000　1/16
　印张：14.75　　　　　　　2021年10月第1版
　字数：180千字　　　　　　2022年11月北京第2次印刷

定价：69.80元

读者服务热线：（010）81055656　印装质量热线：（010）81055316
反盗版热线：（010）81055315
广告经营许可证：京东市监广登字20170147号

推荐序

在企业的成长发展之路上，股权分配永远是一个避不开的焦点问题。商场如战场，在风起云涌的商业较量中，内部合理的股权分配机制和有效的激励手段无疑是助力企业稳步前行的催化剂。股权分配本质上是对企业的股东、高管、员工如何勠力同心实现企业快速发展的思考，用一套合理的股权架构与激励方案把企业和股东、高管、员工凝结成"利益共同体"，把一个人的梦想变成一群人的梦想。正如《三国志》所言："能用众力，则无敌于天下矣；能用众智，则无畏于圣人矣。"

我们可以发现，能在千万家企业中脱颖而出的企业都非常重视股权架构的搭建，如华为、海底捞。当然，因为股权结构混乱、不合理而不得不把自己的心血拱手让给他人或直接惨遭出局的创始人也比比皆是。所以，股权分配问题很可能关系到企业的生死存亡。

在从事经济法教学工作的几十年中，我也一直在思考：什么样的股权分配方式才能在规避风险的同时助力企业成长？近几年来，股权分配的重要性已经被很多企业重视，但是大部分企业仍然需要一套行之有效的股权分配方案来指点迷津。

我非常欣喜地看到，北京嘉善律师事务所的常亮与王一萍律师结合自己在法律工作中实际处理的与股权相关的问题，系统整理研究心得和实践经验，撰写了这本《动态股权：创业合伙人权益分配的新策略》。他们具有十几年的商事法官、上市公司法务、商事律师从业经验，经过多年的公司法理论学习，将多年积累的法律服务经验分享于大众，助力企业通过成功运用股权工具实现基业长青。

拿到书稿的时候，我首先注意到了"动态股权"这四个字。的确，目前很多企业的股权分配方式仍然遵循着传统的静态股权分配制度。相比静态股权分配制度，动态股权分配制度具有更多的灵活性，并且能更有效地对公司内部人员起到激励作用，具有极大的优势。

本书主要包括两个部分：第一部分是对动态股权分配制度的整体介绍，帮助读者了解什么是动态股权分配制度，以及为什么要选择动态股权分配制度；第二部分是将动态股权分配制度应用到公司发展的不同阶段实际可能遇到的问题中，例如，初创公司如何设计原始股权架构、创业阶段如何选择合伙人、引入外部投资后如何牢牢掌握控制权、什么样的股权激励模型能激发高管和员工的创造力等一系列问题，企业发展过程中会遇到的股权分配方面的很多实际问题，都能在这部分内容中找到可行的答案。

总之，这是一本实用性强的股权分配与激励指南，能够为读者研究股权分配与激励模式提供有益参考。

匡爱民

中央民族大学法学院原副院长

教授

博士生导师

目 录

第1章 基础理论：绕不开的股权分配难题 ………1

1.1 把股权提升到战略高度 ………3
股权在公司中的意义 ………3
股权的内容 ………4
股权的分类 ………5
股权与组织的匹配 ………6
用股权统一人心与利益 ………8

1.2 创业不易，过半数的公司毁于股权分配 ………9
谁应该作为创始人 ………9
创始人的股权该如何分配 ………10
Facebook：两个创始人之间的"战斗" ………12

1.3 合伙不易，请妥善对待合伙人的股权 ………14
股东合伙人、事业合伙人、生态链合伙人 ………14
找准合伙人：携手为公司创佳绩 ………15
如何说服有能力的人一起合伙 ………16
案例解析：碧桂园的"成就共享"计划 ………18

1.4 法律思维：从股权分配到商业秘密保护............20
　　股权分配中不可忽视的法律问题............20
　　商业秘密的识别与保护措施............22

第2章 以史为鉴：警惕股权分配的"大坑"............25

2.1 失败的股权分配是"隐形杀手"............27
　　股权分配影响权利分配............27
　　股权僵局如何化解............29
　　随时会"爆炸"的股权架构............31

2.2 股权分配的四个大"坑"............32
　　平均分配股权............33
　　没有大家都信服的"老大"............34
　　给不应该持股较多的人发放较多股权............35
　　忽视预留股权的重要性............36

2.3 股权分配的风险及规避方法............38
　　防止合伙人坐享其成：限制性股权............38
　　"夫妻股权"的风险及规避方法............40
　　股权代持的风险及规避方法............41
　　合伙人离职使公司经营陷入困境............45

第3章 化静为动：静态股权分配与动态股权分配比较............47

3.1 "傻瓜式"的静态股权分配............49
　　静态股权分配的三大痛点............49
　　初创公司要拒绝静态股权分配............52

3.2 "灵活式"的动态股权分配............53

何为动态股权分配机制 ………………………………………… 53

动态股权分配的三个要点 ……………………………………… 54

3.3 动态股权分配解决两大矛盾 ………………………………… 56

贡献与回报不平衡 ……………………………………………… 56

对股权分配结果不满意 ………………………………………… 59

第4章 顶层设计：制定动态股权分配战略 ……………… 61

4.1 制定动态股权分配战略的原则 ………………………………… 63

合理评估不同要素的投入价值 ………………………………… 63

竞业限制：为合伙人设计约束机制 …………………………… 65

4.2 制定动态股权分配战略的步骤 ………………………………… 67

选择一个合适的牵头人 ………………………………………… 67

确定动态股权分配的参与人员 ………………………………… 67

确定初始的股权架构 …………………………………………… 69

设计股权分配的条件 …………………………………………… 71

设计配套的股权调整机制 ……………………………………… 74

加入回购机制 …………………………………………………… 76

第5章 控制权策略：公司创始人如何避免"被出局" ……… 79

5.1 关于控制权的三个问题 ………………………………………… 81

股权与控制权有什么关系 ……………………………………… 81

创始人为何痛失控制权 ………………………………………… 82

如何认定控股股东与实际控制人 ……………………………… 85

5.2 控制权的五条关键线 …………………………………………… 86

67%：完美控制线 ……………………………………………… 86

　　　　51%：相对控股线 ··· 87
　　　　34%：股东"作怪"线 ··· 87
　　　　20%：重大影响线 ··· 88
　　　　10%：申请解散线 ··· 88
　5.3　控制权策略之主动进攻 ··· 89
　　　　AB 股结构 ·· 89
　　　　委托投票权 ··· 91
　　　　控制董事会 ··· 92
　　　　一致行动人 ··· 93
　　　　一票否决权 ··· 96

第6章　里程碑设置：向着特定的目标前进 ······································ 99

　6.1　根据目标设置里程碑 ·· 101
　　　　SMART 原则：制定目标的必备工具 ··· 101
　　　　动态股权分配与 OKR ··· 104
　6.2　盘点常用的里程碑 ··· 106
　　　　产品研发突破某个困境 ··· 106
　　　　销售额、盈利、用户数达到某个数值 ··· 108
　6.3　根据里程碑分配股权的方法 ··· 109
　　　　固定切割法 ··· 109
　　　　剩余比例切割法 ·· 110

第7章　贡献量化与计提：公平的"切蛋糕法" ································ 113

　7.1　贡献点的选择与制定标准 ·· 115
　　　　工作时间 ·· 115

现金或实物等资产 …………………………………… 116

办公场所 …………………………………………… 117

创意 ………………………………………………… 118

专用技术或知识产权 ………………………………… 119

可用于公司经营的人际关系资源 …………………… 119

7.2 贡献值评估：贡献点的实际价值 ………………………… 120

如何衡量贡献值 …………………………………… 120

贡献点的变现性 …………………………………… 121

贡献点与计提时点 ………………………………… 122

第8章 新型激励法则：动态股权激励模型 …………………… 127

8.1 必备的动态股权激励模型 ………………………………… 129

何为动态股权激励模型 ……………………………… 129

动态股权激励模型的功能与效果 …………………… 130

动态股权激励模型的优劣分析 ……………………… 132

股权激励纠纷案件解读：富安娜 …………………… 133

8.2 如何让动态股权激励模型顺利落地 ……………………… 135

原理分析：斯塔西·亚当斯的公平理论 ……………… 135

动态股权激励模型的适用范围 ……………………… 138

8.3 动态股权激励模型的算法 ………………………………… 139

初始岗位股权的算法 ………………………………… 140

贡献股权的算法 …………………………………… 141

当期绩效股权的算法 ………………………………… 141

互联网公司的动态股权激励方案 …………………… 143

第9章 进入与退出方案规划：打造开放的团队 …………… 147

9.1 吸收新合伙人：为团队增添活力 ………………………………… 149
将内部员工升级为合伙人 ………………………………………… 149
如何找到合适的技术型合伙人 …………………………………… 151

9.2 引入外部投资者：让"蛋糕"变大 ………………………………… 154
为融资预留股权 …………………………………………………… 155
你的公司需要引入外部投资人吗 ………………………………… 155
增资扩股 …………………………………………………………… 157

9.3 原有合伙人退出：尽量好聚好散 ………………………………… 159
转让股权的四种限制方式 ………………………………………… 160
如何设计退出机制 ………………………………………………… 163
实用工具：合伙人退出协议模板 ………………………………… 166

第10章 契约化管理：为双方的利益提供保障 …………… 169

10.1 动态股权分配的相关书面文件 …………………………………… 171
股东出资确认要点及核心协议摘要 ……………………………… 171
股东股权分配要点及核心协议摘要 ……………………………… 174
竞业限制要点及核心协议摘要 …………………………………… 176

10.2 动态股权分配方案设计与执行 …………………………………… 178
最经典的"管股东"方案 ………………………………………… 178
动态股权分配方案的执行 ………………………………………… 179

10.3 动态股权分配的风险因素 ………………………………………… 183
股东协议有哪些"雷" …………………………………………… 183
公司章程有哪些"坑" …………………………………………… 184

第11章 财务与税收处理：针对资金做统筹 ……………… 187

11.1 财务处理：资源整合，架构调整 ……………………… 189
企业间股权划转的财务处理 …………………………………… 189
股东分红的财务处理 …………………………………………… 192

11.2 税收处理：政策福利要抓住 …………………………… 193
合伙企业的涉税分析 …………………………………………… 194
股息分配的涉税分析 …………………………………………… 195
股权转让的涉税分析 …………………………………………… 197

11.3 案例解析：相关经验帮理解 …………………………… 199
改变会计核算方式，增加上亿元利润 ………………………… 199
由股东借款引发的缴税风险 …………………………………… 201

第12章 前景展望：动态股权分配制度何去何从 ……… 205

12.1 动态股权分配的现有应用场景 ………………………… 207
与风险投资共存 ………………………………………………… 207
与股权众筹相结合 ……………………………………………… 209

12.2 关于动态股权分配的这些问题值得探讨 ……………… 212
"关键人"与"关键股"的认定 ………………………………… 212
动态股权分配的两项原则 ……………………………………… 216

12.3 变革创新：动态股权分配带来的两种趋势 …………… 217
所有权与经营权、收益权分离 ………………………………… 217
从"内部人控制"到"内部人监督" ………………………… 220

第 1 章
基础理论：绕不开的股权分配难题

股权分配是任何一家公司都无法回避的问题，它是一家公司的根基，直接决定了公司未来的发展状况。选择正确的股权分配制度，可以有效避免合伙人纠纷，帮助公司平稳度过创业危险期，保证多方利益实现共赢。在进行股权分配前，创始人要了解相关的基础理论，用知识武装自己，以应对接下来复杂的股权分配工作。

1.1 把股权提升到战略高度

股权是一家公司的根基，公司的利益分配、权力分配等问题都与其相关。因此，创始人应把公司的股权问题提升到战略高度，从创业伊始就给予其足够的重视。

股权在公司中的意义

股权又称为股东权，它是指股东因出资而取得、依法或按公司章程的规定参与事务并享有公司财产利益的、可转让的权利。股权的主体是股东。公司作为合资而成的经济组织，股权的主体可以是自然人、法人或合伙企业等非法人组织。

股权的内容

（1）投资收益权

投资收益权是指股东向公司要求分配盈利的权利。我国《公司法》总则第四条规定："公司股东依法享有资产收益、参与重大决策和选择管理者等权利。"

（2）表决权

表决权是指股东按照持股比例决策公司的重大事项的权利。我国《公司法》第四十二条规定："股东会会议由股东按照出资比例行使表决权；但是，公司章程另有规定的除外。"

（3）选举管理者的权利

在股份有限公司中，公司的管理由董事会负责，并不由股东直接负责。所以，选举董事也是股东的重要权利。

（4）公司经营情况的查阅、建议和质询权

我国《公司法》第九十七条规定："股东有权查阅公司章程、股东名册、公司债券存根、股东大会会议记录、董事会会议决议、监事会会议决议、财务会计报告，对公司的经营提出建议或者质询。"

（5）股份或出资的转让权

我国《公司法》第一百三十七条规定："股东持有的股份可以依法转

让。"这一权利是创始人最应加以限制的,如果任由股东随意退出,可能给公司的现金流造成恶劣的影响。

(6) 剩余资产分配权

剩余资产分配权是指股东在公司清算时享有分配剩余资产的权利。这里的剩余资产必须是公司偿还完债务之后的资产。

(7) 优先认股权

优先认股权包括对转让出资的优先购买权,以及发行新股的优先认购权。我国《公司法》第七十一条规定:"经股东同意转让的股权,在同等条件下,其他股东有优先购买权。两个以上股东主张行使优先购买权的,协商确定各自的购买比例;协商不成的,按照转让时各自的出资比例行使优先购买权。"

(8) 诉权

诉权是指当股东权利受到损害时,股东有权向法院提起诉讼。诉权有两种,包括直接诉讼和派生诉讼。直接诉讼是指股东个人或数人为了自身利益,以股东身份向公司或其他损害人提起诉讼,但仅限于董事会决议违反法律或行政法规时。派生诉讼是指当公司的正当权益受到他人损害时,股东为了公司利益,对损害人提起诉讼。

股权的分类

(1) 自益权和共益权

根据股权行使目的的不同,股权可分为自益权和共益权。自益权是股东为自己的利益行使的权利,如分配股息和红利、分配剩余财产、新股优先认购等;共益权是股东为公司和自己共同的利益而行使的权利,如表决权、召集股东会、判决股东会决议无效、查阅账簿等。

（2）单独股东权和少数股东权

根据股权的行使是否达到一定的股份数额，股权可分为单独股东权和少数股东权。单独股东权是指股东一人即可行使的权利，大多数股东权利都属于这种权利；少数股东权是指认缴达到一定的股份数额才能行使的权利，例如，代表十分之一以上表决权的股东有权提议召开临时股东会。少数股东权可以防止少数股东因多数股东怠于行使权利而被侵害权利，有助于保护少数股东。

（3）普通股东权和特别股东权

根据股权主体有无特殊性，股权可分为普通股东权和特别股东权。普通股东权是一般股股东享有的权利；特别股东权是特别股股东享有的权利，如优先股股东可以优先取得公司的剩余财产。

股权与组织的匹配

股权分配与合伙人制度在现代公司中越来越流行。股权分配是公司组织运行过程中的产物，它满足了公司组织在新环境中继续发展的需要。因此，股权分配必须符合公司组织的运行规律，以促进公司组织的发展。很多人不注意股权分配与组织运行规律的联系，片面地强调股权分配的作用，夸大股权分配的功能，最后造成组织变革失败，甚至为公司的发展带来了无法挽回的后果。

（1）组织运行规律是股权分配的基础

组织是指人们为实现某目标而结合成的集体或团体。公司是现代社会最普遍的组织。组织的成立、发展、消亡都遵循着基本的规律，这些规律与组织的兴亡息息相关。

（2）股权激励是公司组织发展到一定时期的产物

公司发展到一定时期，就会出现以员工为对象的股权分配，即股权激励。股权激励的作用是激发公司成员的工作积极性，从而提升公司的整体绩效。股权激励的出现意味着公司组织对人才的依赖性更强了，现代公司更需要的是知识和技术，而不是物质资源和人的体力。

（3）股权分配必须遵循公司组织运行的基本规律

实施股权分配必须遵循组织运行的基本规律。有些人把股权分配当成了"点金棒"，无论什么公司一搞股权分配就能"点石成金"。这种无视公司组织运行规律的做法不仅不能救公司于水火，反而会损害公司的利益。

与股权分配相关的公司组织运行的基本规律包括以下几点。

（1）股权分配对象必须真心认同公司的发展目标

公司的成员只有认同公司的发展目标，才能自愿为实现公司目标而努力。因此，股权应该分配给认同公司目标的人，而不是用股权逆转那些不认同公司目标的人的想法。

（2）个人利益服从整体利益

股权分配应针对那些为整体利益做出巨大贡献的人。股权分配的目的是促进整体利益最大化，绝不能只为某个人或某些人牟利。公司的整体利益是个人利益的保障，因此，股权分配也要遵循个人利益服从整体利益的原则。

（3）公平分配

利益分配公平是组织成员内生动力的源泉。公平的利益分配能形成先进鞭策后进、积极向上、奋勇争先的良好氛围，而分配偏颇则会导致投机钻营、懒散无力的氛围。

（4）统一领导、统一指挥

在统一的领导和指挥下，公司会焕发最强的协同效应和执行力。因此，股权分配不能破坏统一的原则，而应加强统一领导和统一指挥。

用股权统一人心与利益

《孙子兵法》有云："上下同欲者胜。"一个团队，只有人心齐，劲儿往一处使，才能实现利益最大化。

（1）没有一致的利益，难有统一的人心

人与人的矛盾大多来源于利益不一致。例如，两个人组成家庭后，即使有矛盾也会因为目标一致而相互妥协，但分道扬镳之后考虑更多的则是将自己的利益最大化。同样，公司的每个成员因不同的目标走到一起，都期望能达到自己的目标，达不到就会离开，至于公司发展如何，他们则不会关心。

（2）用股权统一个人利益和公司利益

在公司里，如果个人利益和公司利益不统一，就很难做到人心齐。因为大家会本能地只关注与自己有关的事，具体表现为到点儿上班、到点儿下班、不会主动承担责任。面对这个问题，最好的解决办法就是用股权把个人利益和公司利益统一起来。

（3）用股权统一近期利益和远期利益

公司的核心人员更关注未来，而不是眼前利益。如果只有近期利益，没有远期利益，公司就可能出现涸泽而渔式的短期行为。因此，创始人可以使用期权、股权认购等方式让个人享有股份未来的增值权。因为收益与付出有时间差，所以可以增加个人的安全感和使命感，鼓励他们拼命为公司创造价值。

（4）统一了利益就会统一人心

当利益一致时，信任就有了基础，公司和个人之间就很容易建立信任。有了信任，沟通会更简单，工作效率也会提高。每个人发自内心地给自己工作，众志成城，不再需要监督。因为每个人都知道伤害公司也是伤害自己，关注公司就是关注自己。

1.2 创业不易，过半数的公司毁于股权分配

创业的成功各有不同，但是创业的失败无非就几个原因，即没能力、没钱、方向错误、内部矛盾。其中，对公司伤害最大的就是内部矛盾。据统计，有超过半数的公司毁于股权分配，这些公司由于最初的股权分配不合理，导致后期团队矛盾加剧，进而分崩离析。

谁应该作为创始人

谁应该作为创始人？这个问题看似简单，实际却是一件棘手的事。创始人这个身份在公司的实际运营中很复杂，我们可以简单地把它理解为承担了某种风险的人。

公司通常有以下三个发展阶段，创始人在这三个阶段中都承担着不同

的风险。

（1）创立

在这个阶段，公司的资金大部分是创始人投入的，没有融资。公司失败的风险很高，创始人没有工资，投入的钱也很可能损失掉。一旦公司倒闭，创始人会因为创业失败而损失惨重。

（2）启动

在这个阶段，公司有了投资人的投资，或产生了一些营收。这些资金让创始人每月都能有一点收入，但这个收入比创始人创业之前的收入要少很多。而且，过半数的公司会在这个阶段倒闭，创始人在失去工作的同时还会损失一部分工资。

（3）正常运行

在这个阶段，创始人获得了市场平均水平的工资。公司成功的概率会升高，即使最后失败了，创始人也只是像"失业"一样，不会有更多的损失。

综上所述，确定创始人的方法是看一个为公司工作的人是否从公司建立开始就拿和自己能力相匹配的工资。如前所述，公司创始人都会承担不同的风险，如果某个合伙人从创业初期就领工资，创业失败，他也不会有太多经济损失，那么他就不能被认定为创始人。

创始人的股权该如何分配

创始人的主要工作是为公司创造收入，所以创始人的价值由两个因素决定：第一，贡献的多少；第二，市场的认可度。由此可以得出，因为不同创始人的贡献和市场认可度不同，所以股权不能均分。那么，创始人的股权该如何分配呢？

（1）初始

假设三个创始人一开始就加入了公司，假定他们的股权份额分别为每人各 100 点，三人的股权结构为 100/100/100。

（2）召集人

如果三个创始人是某个创始人牵头召集起来的，不管这个人是不是 CEO，他作为召集人可以多获得 5 点的股权。三人的股权结构就变为 105/100/100。

（3）点子提供者、执行人

创业的点子固然重要，但执行才是根本。如果某个创始人提供了创业的点子，并且提供了有价值的技术专利或执行方案，他就可以再多获得 5 点的股权。这里要注意，如果创始人只提供了创业的点子，而没有提供执行方案，那么他就不能获得这 5 点的股权。

（4）帮助公司迈出第一步

公司的第一个项目或第一个市场对于公司的发展具有里程碑意义，可以为公司探索发展方向、建立市场信誉，有利于公司后期融资。如果某个创始人开发的产品或专利为公司赢得了第一个市场，那么他可以再得到 5~25 点的股权。这个比例取决于创始人的贡献对公司产生多大的作用。

（5）担任 CEO 的创始人应该持股更多

一个好的 CEO 可以比 CTO 发挥更大的市场作用，因为他要负责战略决策、内部管理等多方面的公司事务。因此，作为 CEO 的创始人可以多获得 5 点的股权。另外，这样也可以保证 CEO 的话语权，防止出现公司无人控制的情况。

（6）全职创业最有价值

如果有些创始人全职为公司工作，而有些创始人只是兼职，那么全职创始人理应得到更多股权，因为他们承担的工作量和风险更大。而且，投资人并不喜欢兼职工作的创始人，兼职创始人可能导致公司在融资时遇到障碍。因此，所有全职创始人都应当再增加100~200点的股权。

（7）信誉是最重要的资产

如果公司想要顺利融资，那么一位信誉好的创始人可能会让这项工作更容易。甚至有些投资人会因为某个人而投资一家公司。毫无疑问，这样的创始人可以消除公司创办阶段的大部分风险，所以他们可以在这个阶段增加50~200点的股权，这个比例取决于他的信誉产生的实际作用。

（8）现金投入参照投资人投资

假设每个创始人都投入等量的资金到公司，然后加上他们的其他投入，构成了最初平均分配的"创始人股权结构"。但是，在实际情况中某个创始人投入的资金可能更多，因为最早期的投资风险往往最大，所以这个创始人应该获得更多的股权，具体可以参照投资的估值算法。

Facebook：两个创始人之间的"战斗"

Facebook在成立之初，其创始人之间是这样分配股权的：马克·扎克伯格（Mark Zuckerberg）持股65%，爱德华多·萨维林（Eduardo Saverin）持股30%，达斯汀·莫斯科维茨（Dustin Moskovitz）持股5%。

马克·扎克伯格是Facebook后台程序的开发者，也是领导者，占据了公司 65% 的股权；爱德华多·萨维林懂得如何通过产品赢利；而达斯汀·莫斯科维茨擅长吸引用户。

Facebook 成立之初的股权分配是没有问题的，但是在后续的发展过程中出现了一个小意外，导致股权分配发生了变动。由于爱德华多·萨维林不愿意放弃学业而将全部精力投入公司，但他又占有 30% 的股权，于是当其他合伙人不断加入时，就只能减少爱德华多·萨维林的股权。当股权减少到 10% 时，爱德华多·萨维林一气之下将公司的账号冻结，与昔日的创业伙伴反目成仇。这给当时的 Facebook 造成了不小的冲击。

实际上，马克·扎克伯格减少爱德华多·萨维林股权的做法是对的，因为按照公平原则，贡献少，股权就一定不能太多。与此同时，马克·扎克伯格意识到天使投资可以帮助公司把产品和商业模式稳定下来，所以开始寻找天使投资。

马克·扎克伯格通过朋友关系认识了天使投资人彼得·泰尔，拿到了他的 50 万美元天使投资。因此，彼得·泰尔获得了 Facebook 10% 的股权。

不到一年，Facebook 又拿到了 A 轮融资——阿克塞尔公司投资的 1 270 万美元。2012 年，创立 8 年的 Facebook 在纳斯达克公开上市。Facebook 在上市时使用了投票权 1∶10 的 AB 股模式，创始人马克·扎克伯格一人拥有 28.2% 的表决权。

此外，马克·扎克伯格还和主要股东签订了表决权代理协议。在特定情况下，马克·扎克伯格可代表这些股东行使表决权，这意味着他掌握了 56.9% 的表决权。Facebook 的股权架构确保了创始人掌控公司，也保证了公司的长远利益。由此可见，股权不均分具有以下优点，如图 1-1 所示。

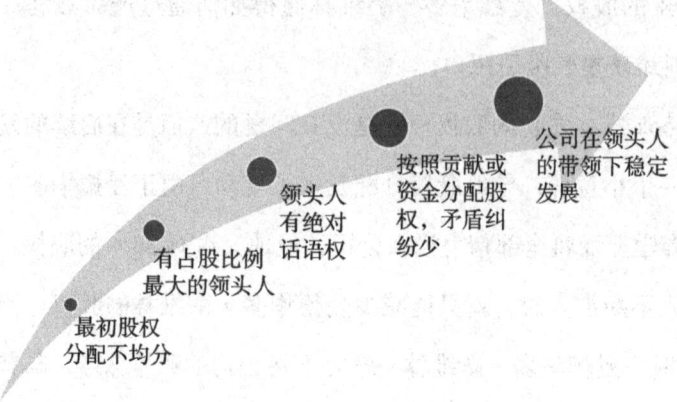

图1-1 股权不均分的优点

Facebook的案例表明,公司要想稳定经营,必须有一个占据最大股权比例的领头人。而且,即使未来融资时给投资者分配股权,领头人依然要占有最大比例的股权。只有这样,才能保证他对公司的经营发展有足够的话语权。毕竟话语权来源于股权。

1.3 合伙不易,请妥善对待合伙人的股权

创业是一件风险很高的事,合伙人稍不留意就可能会一无所有。股权对于合伙创业的意义非凡,关系多方人员的利益,所以应该妥善对待。

股东合伙人、事业合伙人、生态链合伙人

股东合伙人也就是股权合伙人,是指在工商局登记注册的股东,即注

册股东。股东合伙人与公司如同婚姻关系，同进退、共患难，是最高级别的合伙人。因为股东合伙人承担的风险最高，所以其权力也最大。现实中发生股权之争最多的，就是这种类型的合伙人。

事业合伙人大多是公司的员工或在公司贡献巨大的人，这是公司为适应时代的发展要求、激发知识资本创造力而设计的一种内部制度。在公司内部通过事业共创、利润共享、责任共担，激励员工创造更多的价值。例如，万科的项目跟投、华为的员工持股等都属于这种类型的制度。

生态链合伙人是指企业上下游的合作伙伴。发展生态链合伙人可以实现利益捆绑，获得双赢。生态链合伙人主要为外部合伙人，如供应商、客户、投资人等拥有一定资源的人。

找准合伙人：携手为公司创佳绩

创业注定是一条曲折的道路，找准并肩奋斗的伙伴非常重要。那么，创始人要如何选择合伙人呢？

（1）志同道合

选择合伙人最重要的就是志向相同、价值观一致。如果大家都希望在某个领域共同发展，并愿意为之长期奋斗，那么公司的发展就会少一些勾心斗角，多一些齐心协力。

（2）人品为先

人品是选择创业合伙人的一个非常重要的因素。一个为人诚实、守信、没有不良记录的合伙人能与公司走得更久；相反，一个有诈骗经历、说话做事不稳重、谎话连篇、无道德底线、斤斤计较的合伙人更可能做出损害公司及其他合伙人利益的事。

（3）专业突出

不同的合伙人一定要资源或能力互补。在创业过程中，只有合作伙伴分别做自己最擅长的事，创业成功的概率才最大。因此，合伙人一定要专业突出，最好包括思维活跃且敢于突破的人、能发现问题又擅长解决问题的人、口才好的人、勤俭节约且善计成本的人等。

（4）守规则

如何合伙、如何执行、如何处理分歧、如何分红、如何退出等，这些问题都需要在合伙创业前约定。但是，规则只有大家共同遵守才能生效。因此，合伙人必须有规则意识，对于约定的事不轻易违背。

（5）资金为王

资金是一家公司的命脉，也是绑定合伙人的利器。因此，不管是哪种合伙人，出资多的人永远是最为公司着想的人。

如何说服有能力的人一起合伙

在一家公司的成长过程中，创始人为解决公司资金与人力不足的问题，都会通过股权分配为公司引入合伙人。一个有能力、有资源的超级合伙人，可以帮公司降低创业风险，快速取得发展。那么，创始人该如何说服有能力的人一起合伙呢？具体步骤如图1-2所示。

第一步：项目包装。

创始人在招募合伙人之前要对自己的项目进行系统的包装，特别是要有完整的商业模式和盈利模式，让项目看起来极具吸引力。不然，一些精

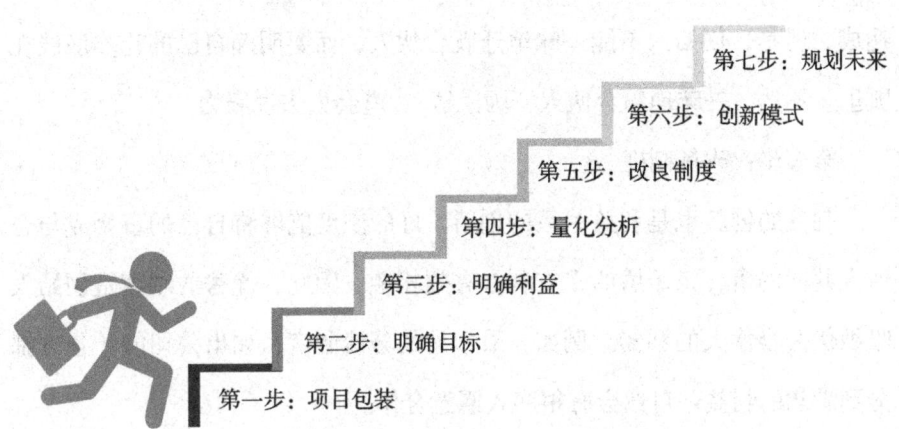

图 1-2　找到优秀合伙人的七个步骤

明、有能力的合伙人可能会质疑项目的价值。

第二步：明确目标。

创始人不能毫无目的地寻找合伙人，即使有能力的合伙人也不是任谁都能帮助公司发展。创始人要先确定一个寻找方向，结合自身资源，按由近到远、由熟悉到陌生、由强联系到弱联系的逻辑寻找合伙人。

第三步：明确利益。

在寻找合伙人之前，创始人要先盘算清楚自己的资源，即公司有哪些资源、哪些成果、哪些优势、能给对方什么等。由此出发，跟合伙人谈利益，给合伙人最想要的东西，合作自然就不是问题了。

第四步：量化分析。

创始人还要确定利益清单，即盘点自己的资源数量，以及能分给合伙人的最大比例，拿着这些数据与合伙人谈判。创始人要坚信一句话："只要利益给得够，就没有找不到的合伙人，关键是出价和利益。"任何人都有喜好，都有欲望，只要满足对方未被充分满足的需求，一切合作都可能达成。但是，创始人不能一味地迁就合伙人，而要明确自己的让步底线在哪里。不然，一味地给合伙人"画大饼"，就会失去说服力。

第五步：改良制度。

制度的创新也是利益关系的创新。好的制度能够将自己的事变成与合伙人共同的事，将矛盾的多方利益有效相融。因此，优秀的制度是创始人吸纳优秀合伙人的利器。例如，最常见的分钱制度，如果公司能让各方都分到满意的利益，自然会有很多人愿意合作。

第六步：创新模式。

单纯靠卖产品的盈利模式太有局限性，利益分配空间小，所以很难得到合伙人的青睐。因此，创始人一定要有一个好的商业模式，设计足够的利润空间，让合伙人主动被吸引。

第七步：规划未来。

越有价值的人，对未来越有规划；反之，如果缺少对未来的目标，就容易短视，也就更容易产生内部矛盾。不同的合伙人能够走到一起，是因为他们有共同的大梦想、大使命，这是合伙的前提。

创业不是一个人的独角戏，而是要将很多有价值的人、事、物聚集在一起，平衡各方利益，谋求共同发展。因此，说服一个有能力的人合伙的过程就是平衡公司和合伙人利益的过程，只有两方都受益，才能达成完美的合作。

案例解析：碧桂园的"成就共享"计划

碧桂园的一个区域总裁曾经年薪 30 万~40 万元，自从加入合伙人计划后，拿到了1 100多万元的年薪。这个励志故事在碧桂园集团内部广为流传，鼓舞着许多员工。而这一切都来自于碧桂园的"成就共享"计划。

2012年底，创始人杨国强在碧桂园推行"成就共享"计划，目的是通过强激励激发区域总裁"当家做主"的意识，促进公司高速增长。这个计划的实质是在股权结构稳定的情况下向区域公司下放权力，并与区域高管团队分享一定比例的净利润，实现高级人才在公司内部创业。这是一种类似合伙人的形式。

"成就共享"计划规定，项目只要同时满足一年内集团自有资金投入全部回笼，以及回笼资金高于"自有资金投入＋年化自有资金标准收益"两个前提就可以获得奖励。区域总裁可以获得全部奖金总额的30%～70%。这才造就了许多年薪在千万元以上的区域总裁。

这个机制让碧桂园团队干劲十足，有些区域总裁甚至跨七八个省去买地。由于买地和开发分属于不同的团队，"成就共享"计划的覆盖范围也有限，所以虽然碧桂园实现了版图扩张，但也因此产生了项目效益未达标等问题。

于是，杨国强对"成就共享"计划进行了改良，并将"成就共享"升级为"同心共享"，所有新项目都实行跟投制。碧桂园的首席财务官吴建斌也跟投了1 000万元，他认为合伙人应该利益共享、风险共担，管理层只有拿出真金白银跟投项目，才能真正和公司融为一体。

在"同心共享"机制下，碧桂园的所有项目都由公司和管理层合资开发，集团投资公司对所有项目都跟投，比例为1%～5%；区域投资公司则需要跟投自己区域的所有项目，最高跟投比例不超过10%。而集团总裁、董事、副总裁、中心负责人、部门总经理等集团管理层，以及区域总裁、区域投资负责人、区域营销负责人、项目总经理等区域管理层必须跟投，其他员工可自愿参与项目跟投。

碧桂园共有1 500多名员工跟投，共募集了5.84亿元资金作为股本。合伙人制明显提升了碧桂园的资金周转率、利润率等指标，解决了效率、成本、责任等问题，不仅让项目的成功率和效益得到了保证，还让管理团队更加稳定。

从"成就共享"到"同心共享"，碧桂园形成了"全员买地，全员营销"的氛围。在共同利益面前，每个跟投的人都会尽力为自己的财产负责。

1.4 法律思维：从股权分配到商业秘密保护

法律是公司运营不得触碰的底线。创始人要积极学习关于股权分配的相关法律知识，做到既不违法，又能保护自己公司的合法权益。

股权分配中不可忽视的法律问题

股权分配因涉及多方利益，所以情况复杂，稍不留意就会埋下隐患，引起股东之间的纠纷，甚至对簿公堂。

（1）平衡股权结构

平衡股权结构是指公司大股东的股权比例相当接近，其他小股东的股权比例极低的情况。在公司经营过程中，股权结构可能会因为没有任何一方绝对强势，造成各方为了争夺公司的控制权而出现纠纷的情况。

笔者团队曾经为某家影视公司提供法律服务，该公司成立时只有两个股东，双方各占股50%。根据公司章程，股东会决议需要经过半数股东同意才能生效。后来，两个股东因为势均力敌，互不同意对方的提议，导致公司无法有效做出决议，造成大量商业机会的流失。这家公司找到我们时，其经营已经陷入僵局。而且，两方股东为了向对方施压，使用了经侦报案、税务投诉、法院起诉等多种方式。可见，由于公司成立时两方股东各占股50%，使公司在经营陷入僵局时很难通过公司治理制度解决难题。股东与公司均不得不付出更大的代价解决公司控制权问题。

我们也遇到过这样分配股权比例的公司：股东有甲、乙、丙三人，甲、乙各占股45%，丙占股10%。因为股东会决议需要经过半数股东同意才能生效，甲、乙意见不同时，就拉拢丙站在自己这一边，最终丙反而成了实际上控制公司的人。

这两个股权案例产生的问题各不相同，但无疑都让公司陷入了畸形的发展。前一个案例形成了股东僵局，导致公司无人决策，股东不得不花费更大的代价争夺公司控制权。后一个案例实质上也出现了公司控制权失衡的情况。股东从公司获得的收益是根据占股比例决定的，股权比例越高，收益越大，也就更适合拥有控制权。而后一个案例中的控制权最终却落到了股权占比最小的丙手中。如果丙想办法利用职权扩大自己的利益，甚至不惜滥用控制权侵犯其他股东和公司的利益，就会导致公司产生更复杂的治理僵局。

（2）股权过分集中

实际上，很多公司都只有一个主要出资人，其他小股东只是为了满足成立条件而凑数的。这种情况会造成股权过分集中的现象，一个大股东一股独大，拥有绝对的话语权，董事会、监事会和股东会形同虚设，必然会形成"一言堂"的管理模式。

这种模式在公司成立初期不会有明显的问题，但当公司进入规模化、多元化运营后，因缺乏制衡机制，可能会屡屡出现决策失误的情况，企业存在的风险会随公司的实力增强而增大。另外，一旦大股东出现状况，如大股东意外死亡等，会直接让公司"停摆"。这不仅不利于保护小股东的利益，还对公司的长期发展不利。而且，公司行为很容易与大股东个人行为混同，导致大股东承担更多公司行为的不利后果。

（3）股权平均分散

一些公司存在多数股东平均持低额股权的情况，形成了"股权相对平均"的畸形格局。由于缺乏具有控制力的股东，各小股东能得到的利益有限，因此管理热情不高，公司的实际经营大部分通过职业经理人完成。

股权平均分散会导致公司管理缺少股东的有效监督，或者出现小股东相互制约、公司的大量精力和能量消耗在股东博弈中的情况。

商业秘密的识别与保护措施

商业秘密是指不为公众所知的、能为权利人带来经济收益，具有实用性并被权利人施以保密措施的技术信息和经营信息。商业秘密包括两种：一是技术信息，即符合商业秘密定义的非专利技术，如工艺流程、工业配方等；二是经营信息，即符合商业秘密定义的经营管理方法、经验和策略，如竞争方案、客户名单、货源情报等。

在公司合伙经营的过程中，合伙人作为公司的核心成员，必然会知道一些公司的商业秘密。如果创始人在合伙人退出时不对商业秘密加以保护，很可能导致商业秘密泄露或合伙人"另起炉灶"等损害公司利益的情况出现。

那么，创始人要如何保护商业秘密呢？

（1）采取保密措施

例如，使用加密软件，设立保密室、保险箱，严格处理废弃物等保密方式，对于一些有形的秘密文件、专利产品有很好的保密效果，但对从事研发工作的人的约束力有限。

（2）制定保密制度

创始人可以将信息分类，并设置专门的负责人分别保管产品设计图纸、产品配方、客户资料、货源情报、财会报表等重要文件，并设置保密制度对信息负责人进行制约。除了签订保密协议以外，创始人还可以设计专门的印章或调取资料的凭证。只有拿着凭证，负责人才能查阅这些资料。

（3）竞业限制

对于公司的高管或掌握核心机密的合伙人，创始人可以与其签订竞业限制协议，约定其在辞职后1~2年内不得从事相关工作，否则需赔偿公司的损失。竞业限制从源头上切断了员工侵害公司商业秘密的途径，使公司保护商业秘密的难度降低。

但是，如果公司与员工签订了竞业限制协议，则必须给予员工合理的补偿。补偿一般不得低于劳动者离职前12个月工作报酬总额的三分之一，而且公司不得以奖金、分红等形式替代补偿金。

（4）保护客户名单

客户名单是一项特殊的商业秘密，只有包含客户名称、地址、联系方式、交易习惯、交易意向等内容，区别于公知信息的特殊客户信息，才是商业秘密。它具有以下三个特征。

① 特定性：商业秘密中的客户名单并不是通过公开渠道获得的普通客户名单。

② 稳定性：商业秘密中的客户名单应当是权利人通过努力付出，投入人力物力获得的相对固定、有独特交易习惯的客户。

③ 秘密性：商业秘密中的客户名单是权利人采取了保密措施，他人无法从正常渠道获得或不经过努力无法获得的。

客户是每家公司的重要财富，客户名单因为判定标准复杂、经手人多，所以需要创始人投入更多精力加以保护。

第2章
以史为鉴：警惕股权分配的『大坑』

股权分配是一项复杂的工作,其中处处是陷阱。创始人要以史为鉴,多总结前人失败的经验,跳出股权分配的"大坑",从而避免股权分配问题阻碍公司的发展。

2.1 失败的股权分配是"隐形杀手"

股权分配失当在公司经营的前期不会带来特别明显的问题,但随着公司不断发展,股权分配埋下的隐患会逐渐显露出来,等到创始人意识到问题严重时往往已经无法挽回了。可以说,失败的股权分配是公司的"隐形杀手"。

股权分配影响权利分配

股权分配一直都是公司经营的难题,那么股权分配比例不同有什么区别呢?大部分公司都是由股东会负责决策,而股东的股权分配比例决定了自己在股东会中享有的权利。下面是几个重要的股权比例对应的权利,如图2-1所示。

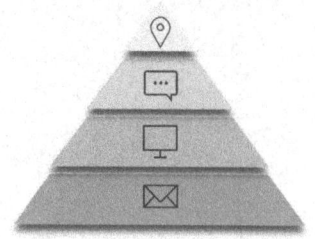

67%：绝对控制权
51%：相对控制权
34%：一票否决权
10%：临时会议权

图 2-1　几个重要的股权比例对应的权利

（1）67%：绝对控制权

我国《公司法》第四十三条规定："股东会会议作出修改公司章程、增加或者减少注册资本的决议，以及公司合并、分立、解散或者变更公司形式的决议，必须经代表三分之二以上表决权的股东通过。"也就是说，拥有公司 67% 的股权的股东拥有公司的绝对控制权，可以一票通过公司的重大决议和事项。

（2）51%：相对控制权

我国《公司法》第九十条规定如下。

发起人应当在创立大会召开十五日前将会议日期通知各认股人或者予以公告。创立大会应有代表股份总数过半数的发起人、认股人出席，方可举行。

创立大会行使下列职权：

（一）审议发起人关于公司筹办情况的报告；

（二）通过公司章程；

（三）选举董事会成员；

（四）选举监事会成员；

（五）对公司的设立费用进行审核；

（六）对发起人用于抵作股款的财产的作价进行审核；

（七）发生不可抗力或者经营条件发生重大变化直接影响公司设立的，可以作出不设立公司的决议。

创立大会对前款所列事项作出决议，必须经出席会议的认股人所持表决权过半数通过。

也就是说，拥有公司51%的股权的股东可以一票通过公司的多数事项，对公司的经营有着举足轻重的作用。

（3）34%：一票否决权

如果某一位股东拥有34%的股权，那么其他股东加起来也不可能拥有67%的股权。因此，只要这个股东投反对票，股东会的决议就肯定不会通过。也就是说，拥有公司三分之一以上的股权的股东可以对重大事项一票否决，影响公司的一些重要决策。

（4）10%：临时会议权

我国《公司法》第三十九条规定："股东会会议分为定期会议和临时会议。定期会议应当依照公司章程的规定按时召开。代表十分之一以上表决权的股东，三分之一以上的董事，监事会或者不设监事会的公司的监事提议召开临时会议的，应当召开临时会议。"也就是说，拥有公司10%的表决权的股东可以提议召开临时会议，提出质询、调查、起诉、清算、解散公司的议案。

股权僵局如何化解

股权僵局是指公司运营过程中，由于股东之间、股东与高管之间矛盾激化而出现僵持状况，股东会、董事会依据公司内部治理机制无法做出有效决策，公司因此陷入无法正常运转甚至瘫痪的状况。如何化解股权僵局呢？有以下三种方法。

方法一：创始人在设计股权分配方案时安排一个绝对控股的股东，例如，创始人自己占股超过50%。

方法二：为了避免大股东在决策时受小股东牵制，创始人可以在设计公司章程时约定具体的议事规则。

例如，甲乙双方合伙开一家公司，董事会共5人，甲方出4人，乙方出1人，且规定每次董事会至少有4人参加，并必须包括甲乙双方代表。虽然这样表面上甲方占据多个董事会的席位，对公司有控制权，但在需要股东一致同意时，如果乙方不同意或乙方代表不参加董事会，公司就不能通过决议，乙方反而占了主动。

因此，甲方可以对公司章程做出以下规定：

第一，每次董事会至少有4名董事出席并包括甲乙双方的代表；

第二，如果一方未参加，则应提前7日通知召开另一次董事会；

第三，在重新召开董事会时，任何4名董事参加会议即可做出任何董事会决议。

这样修改后，既保证了甲乙双方权利的公平，又避免了乙方故意不参加董事会的情况，不会影响公司的重要决策安排。

方法三：如果公司成立时两个主要股东持有的股权一样多，创始人可以在公司章程中规定公司增资时根据股东实际负责公司业务的情况，确定其在新增资本中所占的股权比例，这样可以让主要经营者控制公司的运作。

例如，A 和 B 都持有某公司 40% 的股权，C 持有 20% 的股权。A 担任高管，负责公司的日常经营；B 和 C 不直接参与公司的经营，只是到年底时参与利润分配。为了避免纠纷，保证公司的正常发展，公司在增资扩股时可以多分配给 A 一些股权。假设公司扩股 100 股，可以分给 A 60%，分给 B 30%，分给 C 10%，这样就可以使 A 拥有主要的经营决策权，让公司的命运掌握在 A 的手中，避免公司遭受股权僵局带来的危害。

随时会"爆炸"的股权架构

近年来，创始人或合伙人之间的股权纠纷导致公司在发展上升期突然"停摆"的案例屡见不鲜。

例如，邹某和陈某合伙创办了一家公司，在最初进行股权分配时，考虑到邹某有怀孕的打算，可能影响正常的工作，经过两人的约定，最终陈某占股 60%、邹某占股 40%。

经过一年多的发展，公司取得了不错的业绩。当公司发展到一定的阶段、需要进行融资时，陈某对此前约定的股权分配额度表示出不满。她认为邹某的怀孕严重影响了公司的运作，坚持要以稀释邹某的股权为目的进行融资，以确保其大股东的地位。在此过程中，为了让邹某能答应她的条件，陈某甚至不惜做出了一些十分过激的举动。最终，邹某与合伙人陈某公开决裂。

然而，两位合伙人这样做，不仅没有使各自的利益有所增加，反而给辛苦创办的公司带来了致命的打击。在公司发展的关键时期，本应该合伙人团结一致，更上一层楼，但因合伙人之间的股权纠纷导致公司业务受到不好的影响。

案例中的公司之所以会发生这样的问题，主要原因正是其股权架构存在缺陷。陈某在公司中占据大份额的股权，有更大的决策权。而且，两位合伙人之间没有制定动态股权分配制度，也没有制定权力约束机制。这在一定程度上助长了大股东决策的随意性。这样一来，随着公司的发展，大股东认为自身付出较多，理应得到更多的股权，就会对最初的股权分配方案产生不满。最终为公司带来的结果就是合伙人之间产生矛盾，辛苦建立的公司面临解散。

假如案例中公司的两位创始人一开始就为公司制定了动态股权分配制度，那么在此后的经营过程中，陈某就无法提出增加股权占比的要求。即使她希望增加自己的股权占比，也只能通过努力为公司做贡献、增加公司利益的方式来实现。这样也就不会给公司的发展带来不利影响。对于一家公司来说，股权架构直接关系到公司未来的生存和发展。所以，创始人最好在公司成立初期就制定好股权架构，为公司的后期发展规避风险。

2.2 股权分配的四个大"坑"

公司的股权分配存在四个常见的陷阱，分别是平均分配股权、没有大家都信服的"老大"、给不应该持股较多的人发放较多股权、忽视预留股权的重要性。

平均分配股权

虽然俗话说"不患寡而患不均",但是在进行股权分配时,这句俗话非常不适用。很多时候,刚毕业的大学同学或有共同理想的同事一起创立公司,都喜欢平均分配股权,因为这样看似比较公平,不伤感情,而且操作起来也非常简单。

不过,经营公司不可以只考虑表面上的公平,而忽视平均分配股权导致的风险。例如,因为职责不同而引起的心理不平衡、投资者进入后控制权旁落等问题。

真功夫是一家全国连锁餐厅,在我国众多城市中都能看到真功夫的身影。然而,这家被称为快餐行业领军品牌的餐厅也曾因为股权问题导致估值缩水,工作一度停滞不前。

创始人潘宇海及其姐姐(潘敏峰)、姐夫(蔡达标)的股权是这样的:潘宇海占股50%,姐姐、姐夫分别占股25%。但是,随着真功夫不断扩张,三人并没有按照实际情况对股权进行重新分配。后来,潘敏峰与蔡达标协议离婚。由于潘敏峰主动出让了自己的股权,所以蔡达标当时掌握着真功夫50%的股权。也就是说,潘宇海和蔡达标的股权处于平均分配的状态。

因为有了上市的想法,潘宇海和蔡达标决定进行融资,最终获得了中山联动和今日资本的投资。当时,二人分别拿出了3%的股权给投资者。不过即使如此,二人的股权依然是平分的,均为47%。

随后,蔡达标提出了去家族化的内部管理改革,并控股中山联动。他还聘请了一些职业经理人对真功夫进行管理,取代了之前的家族化管理方式。至此，真功夫的股权已经发生了多次变化，变化路径如表 2-1 所示。

表 2-1 真功夫的股权变化路径

关键节点	蔡达标股权	潘敏峰股权	潘宇海股权
蔡达标、潘敏峰离婚前	夫妻俩共同持股 50%		50%
蔡达标、潘敏峰离婚后	50%	放弃其 25%	50%
引入中山联动和今日资本，两家各占 3% 的股权	47%	—	47%
蔡达标控股中山联动	50%	—	47%

由于很多工作都是由蔡达标主持和推进的，所以潘宇海的实际权力已经被架空。这个结果引起了潘宇海的强烈不满，他和蔡达标之间的矛盾进一步升级。

因此，潘宇海控告蔡达标非法挪用资产。经过法院的调查和审理，潘宇海重新获得了真功夫的控制权。虽然真功夫的股权之争落下了帷幕，但是此次股权之争却给真功夫造成了无法挽回的损失。

很多创始人都是与自己的朋友或亲人合伙创业，在创业初期，出于个人感情或"面子"等原因，经常会平分股权。但是，这种做法会为公司留下无穷的隐患。为了避免出现这样的情况，创始人需要在公司成立之初就制定明确的股权分配制度，并将其落实到字面上。

没有大家都信服的"老大"

每家公司都要有创始人，也就是公司的"老大"，在创业初期的大部分时间里，他的决策、态度、价值观会产生非常重要的作用。然而，在之后的股权分配和融资稀释股权的过程中，创始人的股权会发生变化，即被稀释到一个比较低甚至过低的水平。

如果创始人的股权比例过低，可能会让公司出现没有"老大"的情况，股权较多的合伙人可能会想方设法争夺公司控制权。股东的控制权之争往往会耗费股东和公司大量的时间和精力，势必会对融资的进程造成一定影响。例如，华为这么一家出色的公司，也曾经因为股权太分散而无法顺利获得融资。

由此可见，为了更好地对公司进行管理，促进公司的正常经营和长远发展，创始人必须成为公司的"老大"，将自己的股权比例维持在一个合理的状态，让自己始终能拥有控制权。在公司发展的不同阶段，股权分配比例可能会发生变化，但是无论如何，创始人尤其控制公司的创始人必须持有较高比例的股权。

给不应该持股较多的人发放较多股权

对于股权分配来说，给不应该持股较多的人发放较多股权是一个死穴，这个死穴通常会让初创公司快速夭折。很多初创公司起步时缺乏启动资金以及高素质人才，并且无法正确认识自己的价值，不能对股权进行合理规划，于是就将大量股权赋予早期的投资人或早期参与运营的员工。这不仅会削弱创始人对公司的控制权，还会使整个团队的凝聚力和工作积极性受到影响。

张总是一家公司的创始人，在找到笔者团队为其优化股权架构时讲述了他的创业故事。在创业伊始，为了撑门面，他总是喜欢找一些背景比较优秀的兼职员工,并为其发放大量的股权。然而,这些兼职员工既没有负责很多工作,也没有承担经营风险,导致他们的股权与他们的贡献严重不匹配。久而久之,全职员工和其他尽心尽力为公司做事的股东便对这样的现象非常不满。

后来,根据笔者团队设计的股权方案,张总优化了股权分配模式。对于兼职员工,公司采取了动态股权方案,为股权设置了相应的考核机制。只有通过考核,兼职员工才可以转为全职员工。到那时,公司会根据贡献情况为他们增发股权。

通过上述案例可以知道,创始人不应该发放过多股权给早期参与公司运营的人员。对于只承诺投入资源,但是不负责管理、经营等工作的合伙人,创始人最好只考虑分给他们项目提成和红利,而不要轻易进行股权捆绑。另外,资历优秀的兼职员工同样不能获得太多股权。创始人可以用红利和提成与他们交换资源,或为股权设置考核机制,而不是轻易许诺他们大额的股权。这样有利于公司上下的稳定和团结,让全职员工的黏性更高。

忽视预留股权的重要性

在股权分配过程中还有一个问题常常被忽略,那就是一次性将公司所有的股权都分配出去,不预留股权调整空间。事实上,公司的发展是一个动态的过程,其中有非常多的变数。如果创始人一开始就将公司的股权一次性分配出去,那么以后再遇到任何变动因素就没有调整的空间了。这显然与公司的发展要求不符,对公司的发展也是不利的。

一般来说,公司发展的过程中会涉及三个问题,即员工激励、吸收新的合伙人、融资。如果公司在股权分配时没有预留股权，那么以上三个问题中的任何一个问题都难以得到有效解决。换句话说，预留股权调整空间具有以下三大作用。

（1）激励员工

公司的运营和发展最终要靠人来实现，而优秀的员工无疑是实现这个目标的强有力的保障。没有员工的配合，即使公司创始人有再好的创意，也难以将其转化为实际利益。各大知名公司互挖优秀人才的新闻层出不穷。当年，北京雅虎宣布破产时，众多知名公司的人事部派人专门守候在雅虎的门口，其目的就是从中得到一些优秀人才充实自己的员工团队。当时的场面用"壮观"一词来形容一点也不为过。

要想留住优秀的员工，激励优秀的员工为公司的发展积极地做出贡献，那就必须有相应的激励机制。而股权分配就是一种极具吸引力且效果非常明显的激励措施。如今，凡是各大公司都想挖的员工，他们并不只看重年薪和福利，还会关注公司能给他们多少股权。因此，公司没有预留股权，也就几乎不可能招聘到这些人才。

（2）吸收新合伙人

公司在发展过程中遇到技术或资金问题时，可以通过吸收拥有相应资源的人作为合伙人来解决。然而，合伙人是需要得到公司股权的。如果公司没有预留股权，那么吸收合伙人也就成了一件不可能的事情。这也就意味着公司面临的问题是无法解决的。

有人认为预留股权会损害原有合伙人的合法权益。因为原有合伙人占有的股权份额减少，就意味着只能分配较少的利润。然而，事实并非如此。试想，当发展陷入困境之后，公司还能获利吗？而吸收新合伙人进来之后，公司发展面临的问题就能得以解决，公司的获利也会相应增加。此时，合伙人能分享的利益自然也就增多了。

（3）为融资、上市做准备

对于初创公司来说，融资几乎是所有公司都要面临的一个问题。然而，创始人要获得投资者的支持，同时也要给予投资者一定的回报。对于投资者来说，他们要求的回报就是公司的股权。显然，如果公司没有预留股权调整空间，是无法获得投资者青睐的。

总而言之，合伙人在进行股权分配时不预留股权调整空间，这是有违动态股权分配要求的，是不合理的做法。创始人应该避开这个误区，综合考虑各种因素，为公司的长远发展预留相应的股权调整空间。

2.3 股权分配的风险及规避方法

创业初期的股权分配方案经常会存在一定的风险。例如，出资较高的合伙人坐享其成、夫妻股东导致公司行为和个人行为人格混同、代持股权名义不清等。

防止合伙人坐享其成：限制性股权

我国《公司法》第三十四条规定："股东按照实缴的出资比例分取红利；公司新增资本时，股东有权优先按照实缴的出资比例认缴出资。但是，全体股东约定不按照出资比例分取红利或者不按照出资比例优先认缴出资的除外。"因此，现在大部分公司都按出资多少分配股权。但是，这样的分配方式没有体现贡献度的合理价值，可能会导致一部分贡献较低的合伙人坐享其成。

例如，A、B、C三人合伙开公司，A出资50万元，占股50%；B出资30万元，占股30%；C出资20万元，占股20%。

一年后，B提出离职，但希望保留股权，原因是公司没有规定合伙人在离职后必须退股。这样就出现了一个问题：A、C继续经营公司，显然对公司的发展做出了巨大的贡献；B只出资30万元，没有参与公司后续的任何经营，却占了30%的股权，这对于A和C来说是不公平的。

因此，最合理的解决方法就是谁创造价值，谁分配利益，既要对钱定价，也要对人定价。资金占股只占合伙人全部股权的一部分，剩下的股权应该按股东做出的贡献分配。在上述案例中，按照公司的整体估值，资金占股的比例应该控制在30%~70%，余下的份额可以对做出贡献的人进行激励。按照这样的分配方法，假如B在一年后离职，即使保留一部分股权，也不能对公司造成很大的影响。

除此之外，一个重要的合伙人突然离职，公司的资金可能无法按市值回购其股权，如果强行回购可能会造成公司的现金流压力加大，面临资金链断裂的风险。面对这种情况，最好的办法就是让合伙人拿限制性股权。这样的好处是让合伙人的股权分期成熟，分期兑换。我国常见的股权成熟和兑换机制有以下三种。

第一，分4年，每年成熟1/4。

第二，第一年成熟10%，第二年成熟20%，第三年成熟30%，第四年成熟40%，逐年递增。

第三，全职满2年成熟50%，第3年成熟75%，第4年成熟100%。

按照这样的模式，如果中途有合伙人离职，引发股权收购问题，对于还没有成熟的股权，公司可以用原价进行回购；对于已经成熟的股权，公司可以根据实际情况选择回购或不回购。这样既保证了合伙人不会轻易离职，也可以在一定程度上缓解公司的资金压力。

"夫妻股权"的风险及规避方法

很多初创企业都是夫妻二人共同创业，这种"夫妻店"的初始股东只有夫妻二人，股权结构隐藏着极大的风险。由于我国《婚姻法》规定的夫妻共同财产制，公司股权实际上被同一所有权控制，极易造成公司财产和家庭财产的混同，导致创始人要为公司行为承担法律责任。

例如，我国某省高级人民法院曾发布一则案例。A公司在11月向B公司借款57.5万元，后来A公司的法定代表人张某又在12月代表A公司向B公司借款10万元。但是借款到期后，A公司并未如期偿还借款。

B公司将A公司告上法庭，要求A公司偿还借款。因A公司股东张某和赵某为夫妻关系，所以B公司要求张某和赵某两人对公司债务承担连带责任。

省高级人民法院认为，张某、赵某两人与A公司存在人格混同，应对公司债务承担连带赔偿责任。A公司只有两个股东，分别为张某和赵某，二人为夫妻关系。二人承认公司由张某经营，赵某未参与公司的经营，且公司均由张某一人做出决策，不具有独立意思，导致公司缺乏法人独立地位。

同时，公司经营过程中没有公司账册，日常资金往来均使用张某名下的个人银行卡，且该银行卡还用于结算家庭日常消费。A公司与股东张某之间的财务关系未作区分，股东自身收益与公司盈利不加区分，导致A公司财产与股东张某的个人财产无法区分。赵某与张某是夫妻关系，也是公司股东，且涉案借款用于夫妻共同经营的公司，所得利润也用于家庭日常消费，所以该借款属于夫妻共同债务，赵某和张某应对此共同承担连带责任。因此，股东张某、赵某前述行为造成公司人格与股东人格混同，损害了公司债权人的利益，应对A公司的债务承担连带责任。

从上述案例可以看出，夫妻共同作为公司股东很容易导致公司人格与股东人格混同。对于判定公司与股东是否存在人格混同，法院不仅会进行形式审查，还会进行实质审查。因此，夫妻二人在设立公司前，最好签订财产分割协议，切割夫妻财产，由夫妻一方投资设立公司，并约定公司股权归属夫妻一方，避免日后离婚影响公司的正常经营。

另外，股东的个人财产最好与公司财产明确区分，公司应开设独立账户，建立明确的账册，定期按照公司的规定向股东分红。股东也不能让客户直接将公司的业务款项汇入自己的私人账户，否则就很容易被判定为股东个人财产与公司财产无法区分。而且，公司决策应按照公司规定由董事会决议，切不可由个人擅自代替董事会做出决策，否则容易被判定为公司不具有独立意思，缺乏法人独立地位。

股权代持的风险及规避方法

股权代持是指实际出资人委托名义股东代为持有公司股权、在公司章程中署名、在工商局登记。使用股权代持这种形式的原因有以下四个方面。

(1) 避免形式上的关联性

例如，创始人从事跨境电商业务，基于公司发展的考量，需要成立多家自己为实际控制人的公司帮助运作，于是除了一家公司显名持股以外，剩下几家公司都委托员工持股，让这几家公司从表面上看起来没有关联性。

(2) 特殊身份型股权代持

如果委托持股方具有特殊身份，如某知名公司高管、上市公司股东等，不方便作为其他公司的显名股东在工商局登记，就会选择股权代持的方式让其他人代为持有股权。

(3) 创始人控制权的考量

早期的创始团队一般都会预留股权，这部分股权不能登记为无主股权，于是由创始人代为持股。还有一些公司在持股平台没有搭建时，对于给予员工激励的股权，创始人也可能代为持有，代替员工行使表决权。

(4) 避免股东人数过多

我国《公司法》明确规定有限责任公司的股东人数不得超过50人，股份有限责任公司（非上市）的股东人数不得超过200人。有些公司的股东人数较多，甚至超过上限，小股东就会委托大股东代持股权。

股权代持也存在一定的风险，例如以下四种风险。

(1) 股权代持方案的风险

股权代持方案的风险有两种：一是方案设计本身违反了法律规定，导致协议无效；二是股权代持方案涉及的目标公司出现注销、破产等关闭情形，影响股权代持的实现。

（2）来自名义股东的风险

来自名义股东的风险有以下四种：

第一，名义股东自身有外部债务，将代持股权作为担保，这样一来，代持的股权有可能产生被处分的风险；

第二，名义股东收到出资款后没有将出资款注入公司，侵占了实际出资人的资产；

第三，公司将投资收益先转给名义股东，名义股东没有支付给实际出资人；

第四，名义股东本身是法人主体，如果名义股东自身出现任何风险，如公司注销、破产等，都会影响代持股权。

（3）来自隐名股东的风险

我国《公司法》第三条规定："有限责任公司的股东以其认缴的出资额为限对公司承担责任；股份有限公司的股东以其认购的股份为限对公司承担责任。"在这种情况下，实际出资人应按股权代持协议中约定的出资额认缴出资，一旦实际出资人反悔，名义股东就必须承担出资义务。

（4）第三方的风险

第三方的风险要更复杂一些，有以下四种情形：

第一，名义股东的代持股权被债权人申请了强制执行，这样代持股权就可能被第三方处分；

第二，名义股东离婚或去世，其继承人要求处分代持股权，这样代持股权也可能被第三方分割；

第三，名义股东自身涉及清算，代持股权可能被纳入清算资产中，被抵债处理；

第四，隐名股东想要显名时，如果公司内部其他股东想行使优先购买权，可能会影响隐名股东顺利显名登记。

对于上述四种风险，有以下三种规避方法。

（1）选择合适的代持主体

针对名义股东恶意侵占财产等现象，出资人的最优策略是选择可信的代持主体，通常要注意以下四个方面：

第一，代持人信用等级佳；

第二，代持人经济活动不频繁；

第三，选择自然人代持；

第四，委托近亲属、朋友代持。

（2）签署完善的股权代持协议

签署完善的股权代持协议是非常重要的步骤。股权代持协议不仅要明确名义股东与隐名股东的责任、权利、义务，还要约定违约责任和纠纷处理办法。

（3）代持合同履行期间的监督

除了有协议以外，协议的监督和落实也非常重要。股权投资的周期一般都很长，中间会发生许多变化。如果出资人只是暂时无法显名，则需要充分了解代持股权所在的公司，尽量直接参与公司的管理，并保证股权代持协议被公司的其他股东认可，方便将来顺利显名登记。如果出资人没有显名的打算，也要监督名义股东履行代持义务和行使权利的情况，以便规避股权代持的风险。

合伙人离职使公司经营陷入困境

投资家查理·芒格说过:"要想成功,先要明白如何失败。"为什么合伙创业的失败率高达 90%?原因是大多数人自动忽略了合伙创业的风险与不确定性,也就没有为合伙创业设计完整的游戏规则。俗话说:"先小人,而后君子。"合伙前,把可能出现的问题都想好,明确规则,好聚好散,有始有终才是合伙的上策。

A 与 B 共同创业,A 获得公司控制权后,公司决策效率大幅提高,业绩高速增长,B 心服口服,答应 A 愿意从旁协助。可是,公司成立一年后,B 突然提出离职,给出的原因是自己看到一个新机会,决定再次创业。

A 被 B 的辞职弄得措手不及,便对 B 动之以情、晓之以理,想极力挽留 B。但是,B 却说自己去意已决,会默默支持大家。A 和公司其他股东很不高兴,认为 B 就是想不出力,坐享股票增值、股东分红,所以要求 B 返还股权。

B 立刻不满了,他认为《公司法》并无规定离职必须退股,而且公司成立前也没有相关约定,所以不同意退股。

A 一时哑口无言,但 B 不出力就拿走那么多股权,反而让为公司出力的人无股权可分。长此以往,公司必然会散伙。双方一时僵持不下,公司的经营因为这个纠纷也停滞不前。

很多人在创业前都想过上市,却没有想过散伙。A 和 B 在没有想好如何散伙之前就贸然合伙,股权只有给予方案,没有收回方案,给公司的经营造成了巨大的风险。所以,创业要有"终局思维",在约定合伙创业前就要考虑好散伙时的问题如何处理。

因此，创始人在合伙前可以做以下约定：

第一，如果合伙人离职，离职合伙人可以兑现资金股和已经成熟的人力股；

第二，公司或其他合伙人有权溢价回购离职合伙人的未成熟股权，其已经成熟的股权在双方协商后也可以回购；

第三，对于离职不退股的行为，如果公司不希望诉诸法律，可以约定高额的违约金以约束合伙人。

此外，在回购退出合伙人的股权时，公司应遵循以下两个原则。

（1）承认合伙人的贡献

虽然合伙人退出了公司的经营，但其曾经在公司发展的某个阶段做出的重要贡献是无法抹去的。公司可以收回全部或部分股权，但也必须承认合伙人的历史贡献，按照一定的溢价或折价回购股权。这一点不仅关乎合伙人能否顺利退出，也与公司形象的塑造相关。

（2）回购价格的确定

确定退出合伙人的股权回购价格，要考虑两个因素：一是退出价格基数；二是溢价或折价倍数。例如，公司可以按照退出合伙人出资购买股权的价格的一定溢价回购，或退出合伙人按其持股比例可参与公司分配的净资产或净利润的一定溢价回购，也可以按照公司最新一轮融资估值的一定折扣价回购。

创始人对股权的设计并不能只按照出资多少来分配，而应该遵循"贡献大，回报多"的原则综合考量合伙人的贡献度来具体分配。另外，创始人也要根据可能发生的变动因素做好预案，以便修改股权分配方案。

第 3 章

化静为动：
静态股权分配与动态股权分配比较

股权分配有两种方式：一种是静态股权分配；另一种是动态股权分配。虽然静态股权分配简单，但随着公司的发展很容易出现问题。所以，创始人要学会化静为动，设计出能适应公司发展变化的动态股权分配方案。

3.1 "傻瓜式"的静态股权分配

静态股权分配是指在公司成立之初将所有股权固定分配给所有股东，一般是按出资比例分配，出资多的占股多，出资少的占股少。这种分配方式非常简单，看似一劳永逸，但会为后期埋下很多隐患，股东纠纷也大多源于这种分配方式。

静态股权分配的三大痛点

虽然静态股权分配简单，但操作过程中存在许多不合理因素，也没有有效的激励机制。随着公司的发展,静态股权分配会爆发不同的矛盾,具体有以下三大痛点。

(1)不考虑长远股权结构,控制权存在风险

周某、王某和李某三人共同创立了一家公司,公司成立伊始,三人采取了静态股权分配方式,股权比例分别为75%、20%及5%。其中,周某和王某是夫妻,两人共同持有公司95%的股权。后来,公司发展良好,为激励创始团队的员工,周某释放了15%的股权用于股权激励,当时直接采用了自然人持股的方式,如图3-1所示。

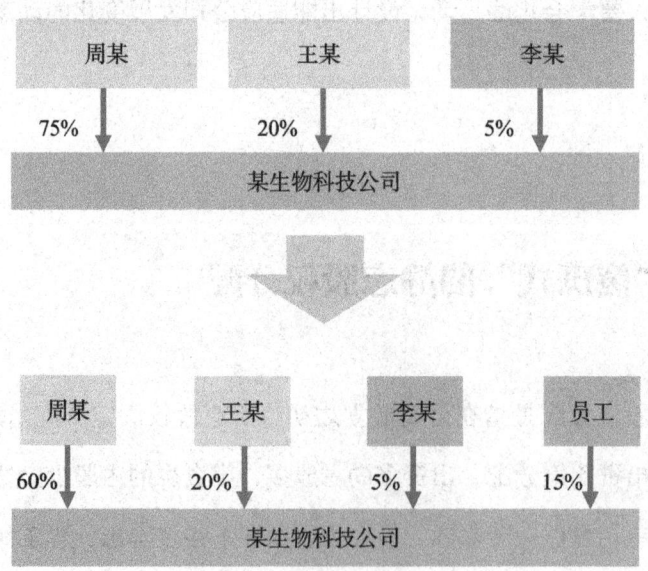

图3-1 公司的股权结构变化

几年后,周某和王某因感情破裂而离婚。当时,周某想将代理的几个品牌的生产线引进国内,提高生产力,需要大量资金。周某找了许多经销商想要获得融资,这些经销商也都答应了与周某合作。可是,王某却因为离婚的事怨恨周某,在公司散播谣言,谎称引进经销商会稀释员工的股

权,减少他们的收益,让员工在股东会上否决这个提议。因为王某和周某的关系,员工对这个消息深信不疑,结果导致股东会上超过35%的股东否决增资,周某的计划只能被迫搁置。

如果当初进行股权激励时,周某没有一次性将15%的股权都释放,而是动态授予,或者让激励对象间接持有股权,就可以避免自己的控制权被削弱的问题。

(2)分配不公,好事变坏事

小张和小李合开一家公司,在公司发展到一定时期时决定给员工分配股权用于激励。小张和小李按照入职时间给5名工作时间最长的员工分配了股权,但引起了其他员工的不满。一些没有这些员工工作时间长却为公司做出了巨大贡献的员工因未分配到股权而愤然离职,还到处宣扬公司过河拆桥,看不到员工的付出。这给公司带来了非常恶劣的影响。

这个案例引出了一个问题：静态分配股权到底公不公平？直接分给某个员工股权,会不会好心办坏事,反而让公司的矛盾激化？答案是会的。因为公司直接给某些员工分配股权,其他员工看不到标准,不知道这些员工到底凭什么能获得股权,非常容易引发公司的内耗。

动态股权激励追求的是某一段时间内的公平。假设这个时间段是三年或五年,公司可以灵活调整,即使刚开始股权分配存在不公平之处,后面也可以经过动态调整,保证这个时间段内的相对公平。

(3)激励不足或过度

公司的股权激励给得太少,是没有激励效果的。但公司给得太多,同样也是没有激励效果的。例如,员工获取股权的第一年,努力干,得到分红;第二年,随意干,还能得到分红;第三年,什么也不干,依然能得到分红。这是因为公司股权已经分出去，无论员工努力工作与否，都能得到分红。这样的后果是分红下发了，员工的工作表现却原地踏步。

动态股权激励是根据不同因素决定激励的量，如岗位价值、职能等级等，并且会根据不同阶段进行动态调整。这是静态股权分配没有的约束机制，可以确实让股权分配达到激励的作用。

初创公司要拒绝静态股权分配

很多创始人在公司成立之初，因为不懂股权分配或怕伤感情等而选择用静态股权分配的方式将所有股权分配干净。结果当业务发展到一定程度时发现，彼时分得股权的人对公司的贡献在逐渐变小，而现在对公司贡献大的人却无股权可分。如果不能及时调整股权结构，贡献大却收益少的人很可能会离开公司，公司也恐怕难逃"关门"结局。

小肖和小刘是大学同学兼室友。由于小肖有想法，而小刘的家庭条件优渥，资金充裕，两人毕业之后一起创立了一家公司。在公司成立之初，小刘表示他出的钱多，应当占据更多的股权。小肖想着反正二人关系不错，当务之急是先成立公司，于是答应了小刘的要求。就这样，小肖和小刘分别占了公司30%和70%的股权，也未作其他约定。

然而，公司成立之后，小刘几乎没有参与过公司运营的相关事情，公司中的所有事情都由小肖全权负责。半年之后，公司逐渐走上正轨，开始赢利了。这时就面临利益分配的问题。小刘认为按照股权比重分配利益是天经地义的事情，而小肖认为公司盈利主要是因为自己经营有方，如果仅按照股权比重分配利益显然是不合理的。最终，两人因在利益分配上出现分歧而闹上了法庭，曾经要好的同学兼合伙人也就此形同陌路。

这个案例的症结在于股权分配不公。事实上，像小肖和小刘这种情况，如果仅按照双方最初的出资比例分配利益，显然是不合理的。这也映射出了创始人在创业之初就要重视股权分配的问题，避免使用静态股权分配方式，而要将其他一些实际情况综合考虑进来，例如，合伙人是否参与了管理、合伙人是否贡献了技术等。这样才能尽量规避股权分配不公的不良后果。

3.2 "灵活式"的动态股权分配

与静态股权分配相比，动态股权分配要更加灵活。它能根据合伙人的贡献变化逐渐调整股权分配，让贡献大的人多获益，让贡献小的人少获益，以此达到公平分配和有效激励的目的。

何为动态股权分配机制

公司的合伙人制度是为了让更多人贡献力量，帮助公司发展，以弥补个人能力的不足。但随着人员的增多，利益分配问题会更复杂。例如，几个人一起开公司，商定平均分配股权，结果其中一个人做了所有的工作，而其他人非常懒散，什么都不干，到年底还能正常分红，那这个干活的人会同意吗？显而易见，答案一定是不同意。

静态股权分配的弊端很明显，公司在初期过早地切割股权，在后期很容易出现部分成员认为自己的贡献与收益不对等的情况。贡献不同，收获却一样。结果，这些员工要么变得消极怠工，要么让公司矛盾激化，陷入僵局。公司内部不能维持平衡，又怎么能有更好的发展呢？

在一家公司里，每个人的能力不一样，贡献也不一样。如果不知道股东未来能付出多少，仅根据出资比例确定股权，那么对未来付出多的股东必然是不公平的，所以才有了现在提倡的动态股权分配方式。

动态股权分配是指公司合伙人之间的股权动态调整，也就是在合伙创业的过程中，合伙人的股权不是一次性确定的，而是根据公司的发展不断改进调整合伙人持有的股权比例。在这样的股权分配机制下，"勤劳"的股东的股权会随其所做出贡献的增加而增加，而"懒惰"的股东的股权会原地踏步，甚至被清退。

动态股权分配的依据是各个合伙人的贡献值的比例，而调整的难点就在于如何衡量合伙人的贡献。衡量合伙人的贡献需要统筹考虑资金、资源、管理等公司发展要素，然后根据人员分工确定价格，最终以此统计出股权比例。

动态股权分配机制的核心是动态。在具体的分配过程中，股权分配的比例、时机、价格都可以是发展变化的。

动态股权分配的三个要点

实行动态股权分配的目的是让公司的实质价值能够公平分配，其中包括三个要点。

（1）确定公司在什么时候有实质价值

不同的公司产生实质价值的时候不同，一般都会有明显的节点作为象征，这些节点也被称为"里程碑"。常见的里程碑有融资金额、日活月活用户数、商品交易总额等。

（2）计算各合伙人为公司带来的贡献

合伙人的贡献表现在为公司带来的资源，包括现金投资、未领取报酬的劳动服务、办公场地和生产设备、知识产品、融资担保等。创始人可对这些资源进行计算。例如，劳动报酬为每月2万元，现金贡献为投入资金的1.5倍，知识产权贡献体现在每件产品的许可费为N元等。

合伙人的贡献一定是可以明确量化的。所以，并不是任何贡献均可作为股权分配的依据，如人际关系资源、超出实际需要的资金、创意等。另外，如果合伙人职责内的工作已得到工资报酬，则不应当再作为获取股权的贡献。

（3）如何进行股权分配

有些创始人把投资机构的估值等同于公司的实质价值，但二者并不能同日而语，特别是在公司的发展前期。创始人应当根据公司的实质价值分配股权，因为这与各合伙人的贡献值计算是相匹配的。具体有两种常用的分配方式：一是全动态股权分配；二是半动态股权分配。

全动态股权分配是指在里程碑达成时，通过计算合伙人的贡献，以各合伙人的贡献占比为依据分配股权。全体合伙人的贡献计算为公司的实质价值，与公司估值没有关系。

半动态股权分配是指公司中有一两个合伙人为主导，如贡献大部分资金或其他资源，并全职为公司工作，担任董事长或事务合伙人等，那么公司的部分股权可以先分配给该合伙人，剩下的股权再按照全动态股权分配的方式分配。

除此之外，创始人要注意在分配股权时不能分配掉100%的股权。原因有以下两点：

第一，公司还在发展，还可能引入其他人才和资源方，需要为他们留下一部分股权；

第二，有些合伙人可能在创业前期贡献较多，但在中后期贡献逐渐变小，所以创始人要为这部分合伙人留出股权变化的空间。

3.3 动态股权分配解决两大矛盾

公司因静态股权分配而引起的贡献与回报不平衡以及股东对股权分配结果不满意的问题，可以通过实行动态股权分配的方式完美解决，并降低公司内部发生矛盾的概率，给公司带来更稳定的发展。

贡献与回报不平衡

刘伟和赵建华是大学同学，毕业后决定一起成立一家专营游戏业务的公司。在最开始时，他们待在一个地下室里进行头脑风暴，几乎每天都能冒出不计其数的想法，而且一个想法比一个想法好。这为公司后来的发展奠定了坚实的基础。

从商业概念到核心价值，再到以更好的方式做成本账，无论什么问题，刘伟和赵建华都能达成一致。因为相处非常和谐，所以他们提前就把股权分配好了，即每人占据公司50%的股权。直到几个月之后，当两人决定投入全部积蓄、全职创业时，第一次争执发生了。这次争执几乎搞砸了公司。

因为每人占据公司50%的股权，所以盈利也是平均分配。不过，公司创立后，刘伟就不再管公司的事务，所有工作几乎都是由赵建华自己负责。到了年底，赵建华看刘伟拿到了和自己一样多的钱，感到非常不开心，认为这有失公平。

刘伟和赵建华为公司做的贡献确实是不同的，但获得的回报却是相同的。对于付出更多努力的赵建华来说，这并不公平。在公司还没有正式运营或发展尚未成熟时，每个人的贡献似乎无法衡量。这时如果急于进行股权分配，那就会像刘伟和赵建华这样发生争执，最终对公司造成极大的不良影响。

随着公司的不断壮大，有了盈利以后，经济效益的重要性开始体现，这时矛盾也会暴露出来。一方面，做出更多贡献的合伙人会觉得自己吃了亏，极力想要改变现状；另一方面，出了资金但对公司事务不太上心的合伙人又希望按照股权获得相应的回报。

实际上，这些矛盾的根源就在于对股权进行了事先分配，而且没有配套的动态调整措施。一般来说，股权分配首先考虑的因素是出资。如果合伙人的优势基本相当，那就可以按照出资的情况分配股权。不过需要注意的是，在实际操作的过程中，由于不同合伙人的贡献或价值不同，因此需要留出对股权进行调整的空间。

例如，旅游领域的创业者 A 和互联网领域的技术高手 B 准备做一个 O2O 项目，两人各出资 100 万元。但是，因为创业者 A 比较外向，更有领导能力和意愿，而技术高手 B 擅长技术实干，所以股权分配方案如表 3-1 所示。

表 3-1　创业者 A 和技术高手 B 的股权分配方案

主体	名义股权比例	实际持有股权比例	预留股权
创业者 A	70%	40%	15% 预留给后进入的合伙人或股东之间的股权调整；15% 为期权池，用于后期员工激励
技术高手 B	30%	30%	0

出资在一定程度上决定了股权分配的大体架构，但是还需要根据形势的变化进行调整。因为在技术型、互联网型的公司中，创意或执行力都是比资金更重要的"武器"。

再比如，A、B、C 三人创业，A 出资 10 万元，负责公司的整体运营；B 出资 10 万元，负责产品的研发与维护；C 出资 80 万元，不参与公司的运营。如果按照出资计算，A、B 应该各占据 10% 的股权，而 C 则占据 80% 的股权。这样的股权分配方案显然是不合理的。

第一，C 不参与公司的运营，但是掌握着主要决策权，这样很难促进公司的良好发展。

第二，A、B 全心全意把公司做大，为公司做出了巨大贡献，却获得了比 C 少的回报，久而久之，两人就会有不满情绪，很可能产生离开公司的想法。

总之，如果想事先分配股权，那么可以参考出资的情况，但是不能将其作为决定要素。相对于出资，有时贡献、资源、能力、经验等要素可能更重要。在创业开始时，我们可以预留一部分股权，等到公司稳定下来后再根据实际情况对股权进行动态调整。

对股权分配结果不满意

有一家合伙公司，注册资本为100万元，由四个股东共同投资完成。其中，小李出资30万元，占股30%，不参与公司管理，优势是人际关系资源丰富，但与本行业的关联性不强；小陈出资25万元，占股25%，全职参与公司管理，优势是有行业经验；小张出资20万元，占股20%，不参与公司管理，优势是同行人际关系较广；小王出资25万元，占股25%，不参与公司管理，优势是有决定公司某些业务成败的人际关系资源。

上述案例中的股权分配很明显不公平。小陈全职负责公司的管理，公司几乎是他一个人在打理，但是由于出资较少，他的股权占比不大。如果公司发展状况良好，那么随着公司的发展，小陈会对股权分配的结果越来越不满。

对于一家创业公司来说，资金固然重要，但人的作用要远大于钱的作用。一个好的管理人才是可遇不可求的，他可以帮助公司获得更多的资金和更稳定的发展。因此，公司的股权设计不仅要对钱定价，更要对人定价，它的计算公式应该是"投入＋能力＝股权"。

另外，一家公司一定要有一个决定公司话语权的大股东，而这个大股东必须全职参与公司管理。因此，上述案例有两种修改办法。

第一，四个股东经过沟通，小李、小张和小王以原价转让的方式，分别转让部分股权给小陈，让小陈成为公司的最大股东，保证其绝对话语权。另外，增加小王的分红比例，毕竟小王掌握着决定公司命脉的资源。

第二，设计股权激励方案，为小陈制定业绩考核标准，完成考核，小陈就能增加一部分股权；其他三位合伙人因不负责公司的管理工作，所以不能享受股权激励。通过这样的方式逐步稀释其他三人的股权，让小陈的占股比例慢慢增大。

第4章
顶层设计：制定动态股权分配战略

如何设计动态股权分配战略？创始人需要把握股权分配的大方向，按照基本原则分步进行设计，并加入合理的调整和回购机制，在保证公平的同时保护公司的利益。

4.1 制定动态股权分配战略的原则

制定动态股权分配战略有两项基本原则，分别是合理评估不同要素的投入价值、为合伙人设计约束机制。

合理评估不同要素的投入价值

创始人要想对各类生产要素进行客观、全面的评估，就需要为评估工作制定基本原则。在基本原则的指导下，保证评估结果的客观公正性，才能让所有参与动态股权分配的人员信服评估结果。

评估原则直接表现在评估结果上。公正、合理的评估原则会产生让大多数人满意的评估结果，而有失公正性与合理性的评估原则只会引起大多数人的不满和愤怒。由此看来，制定评估原则极为重要。那么，究竟该如何制定评估原则呢？

事实上，不仅在制定股权分配机制时需要评估公司的各类生产要素，像前面提到的新合伙人加入合伙团队也需要对公司的各类生产要素进行评估。也就是说，生产要素评估是一项基础性工作。所以，创始人在制定生产要素评估原则时，可以借鉴一些已有的规则。在此基础上，结合自己面临的实际情况，制定最终的生产要素评估原则。

生产要素包括劳动力、土地、资本、企业家能力、信息、技术六类。其中，劳动力的工作效率会随着时间的推移、经验的积累而提高，这也就意味着劳动力的价值是会提升的。换句话说，劳动力目前的实际价值和未来的实际价值是不等价的。显然，如果将劳动力现在的价值和未来的价值完全等同起来，是有失公平的。这也就产生了一条评估各类要素实际价值的基本原则，即实事求是，用发展的眼光来评估。

同样的道理，土地、资本、企业家能力、信息、技术这些生产要素的实际价值都会随着社会的发展而发生变化。如果创始人在评估这些生产要素时不能本着发展的眼光，那么以这个评估结果为前提进行股权分配，最终很可能出现种种不合理的问题。

相反，如果制定了动态评估生产要素的原则，并且根据动态评估原则设置了动态股权分配方式，那么结果又会截然不同。在这个过程中的动态股权分配，是指按照动态评估的原则将生产要素可能出现的升值或贬值情况考虑进来，并根据这种情况设置浮动的股权分配份额。例如，土地在未来很可能会升值，那么规定按照土地要素分配的股权可以随着土地的升值而增值。

但是，这个增值的空间是有限的。也就是说，增值是在一定范围内进行的。否则，对于合伙公司来说，以土地要素作为合伙条件加入公司的合伙人，将来可能会独掌公司的控制权。这是不合理的，也是其他合伙人不愿意看到的局面。

同样，信息和技术的更新迭代非常快。当新的信息和技术出现时，旧的信息和技术就可能变得一文不值。所以，信息和技术这两种生产要素会随着时间的推移而出现明显的贬值。如果不采取动态评估原则，不实行动态股权分配制度，就不能激励公司的信息、技术更新迭代，由此产生的直接结果就是公司的发展越来越落后，直至被市场淘汰。

动态的评估原则加上动态股权分配制度，对公司的运营能有效地起到激励作用，从而促进公司不断出现新的技术，居于行业领先地位。

竞业限制：为合伙人设计约束机制

竞业限制是指限制与特定行业或具有特定关系的人从事存在竞争关系的营业活动。如果当事人自愿签订竞业限制协议，就应遵守该约定；否则，另一方可以向其主张违约责任。有很多创始人为保护公司的商业秘密和利益都会在合伙协议中加上竞业限制条款，以约束合伙人的行为，避免合伙人拿着公司的资源"另起炉灶"。

王某与姚某签订《合作投资协议》，约定共同投资某物流公司，并约定了竞业限制条款及违约责任。其中，王某持股20%，姚某持股80%。后来，王某与第三人签订《股份收购协议》，约定王某将其持有的某物流公司的股权折价成12万元转让给第三人。但是，在竞业限制期内，王某却从事了与某物流公司相同的物流业务。于是，该公司法人姚某向法院提起诉讼，要求王某支付违约金 50 万元。

法院经审理后认为，某物流公司提供的《股份收购协议》中约定的王某不得从事相关地区的物流运输工作，以及不得自主经营或协助他人经营相关物流业务，可证明该公司的法人代表对王某做出了明确的竞业限制约定，内容合法有效。而王某在竞业限制期内从事与某物流公司相同的物流业务，其行为违反了竞业限制义务，应承担赔偿责任。

由于王某从事相关业务不久就被姚某告上了法庭，王某获得的实际税后收入约为 12 万元。因为姚某最后并未举证王某的违约行为给某物流公司带来的实际损失，法院综合考虑王某的违约时间和过错程度，酌情判王某赔偿 8 万元违约金。

我国《公司法》第一百四十八条规定，董事、高级管理人员不得有下列行为："未经股东会或者股东大会同意，利用职务便利为自己或者他人谋取属于公司的商业机会，自营或者为他人经营与所任职公司同类的业务。"虽然王某离职后不受此条法律约束，但王某自愿与姚某签订了竞业限制条款，且条款合法有效。王某理应履行竞业限制义务，但其违背诚实原则，私自在竞业限制期内从事相关工作，所以只能接受赔偿违约金的后果。

从这个案例可以看出，创始人在设计股权方案时一定要加入对合伙人的约束机制。这样即使合伙人后期离职甚至违反约定，创始人也能拿起法律武器捍卫自己和公司的合法权益。

4.2 制定动态股权分配战略的步骤

搭建公司动态股权框架，需要明确制定动态股权分配战略的步骤。创始人只有做到合理规划、分步实施，才能设计出科学、合理、具体的股权分配方案，才能让其他合伙人都满意，并且愿意遵守公司的规定。

选择一个合适的牵头人

制定动态股权分配战略的第一步是选择一个合适的牵头人。牵头人通常是公司的实际控制人，也就是公司的"老大"。传统公司中的实际控制人具有四类领导力特征：一是预设的强制领导力，这类控制人大多来自总部的委派；二是报酬权的领导力，这类控制人大多是给员工发工资的人；三是专业技能的领导力，这类控制人是有某项专业技术的人；四是情商领导力，这类控制人在员工心目中有很高的威望，能一呼百应。

而创业公司的实际控制人不属于上述四种控制人中的任何一种。创业公司的实际控制人应该用贡献值选出，谁在团队中贡献最大，谁就能成为团队的核心。各合伙人通过比较各自对团队贡献的大小，最终明确公司的实际控制人，让他成为动态股权设置的牵头人。

确定动态股权分配的参与人员

制定动态股权分配战略的第二步是确定动态股权分配的参与人员。既然对股权进行分配，那么确定分配对象是非常有必要的。否则，股权分配工作就成了无源之水、无本之木，其结果必定很难有的放矢，实现激励目的。

确定参与动态股权分配的人员，这是大家都能做到的事。但是，其中有一个问题容易被大家忽视，那就是公司在不断发展壮大的过程中，参与动态股权分配的人员一般会逐渐增加。很多创始人在确定人员时只考虑到了目前已有的人员，而没有想到还有可能增加的人员。

如果只考虑到了已有的人员，那么在股权分配时，预留的股权往往是不够的。这样一来，将来想要吸收新的力量进入团队，就必须重新进行一次复杂的股权调整和分配工作。而且，在公司发展的过程中，引进新的合伙人是必不可少的。因此，创始人一定要有前瞻性，以发展的眼光制定动态股权分配战略。

那么，究竟该如何确定未来将会增加多少人员参与动态股权分配呢？要想搞清楚这个问题，就需要提前对公司的发展做出整体规划。可能实际增加的人员不一定与规划人员完全吻合，但只要规划足够合理且科学，那么实际增加的人员与预估人员不会有太大的差距，创始人也就不用担心预留的股权份额不够了。

为了提高规划的科学性和合理性，创始人需要注意两个方面的问题：一方面是要具备发展的眼光；另一方面是要具备全局观。任何事物都处于不断发展之中，社会环境也是如此。在这种情况下，用发展的眼光规划公司的未来是必然要求。所谓全局观，指的就是在进行规划的过程中还要结合社会大背景，以及与其相关的其他因素；否则，制定的规划就有脱离现实之嫌，很可能与实际情况产生很大的悬殊。

有一种较省心省力的做法是聘请专业的咨询顾问帮助制定公司的发展规划，或者直接聘请专业股权律师团队根据公司的具体诉求设计股权方案。

对股权分配的目标对象缺乏清晰的了解，可能会导致最终的分配结果失去公平性，进而引起分配对象的不满，影响他们工作的热情和积极性。因此，确定参与动态股权分配的人员是保障分配结果公平以及分配工作顺利进行的前提。而且，在这个过程中，不仅要确定目前参与动态股权分配的人员，还应将后期可能参与其中的人员一并考虑进来。

确定初始的股权架构

制定动态股权分配战略的第三步是确定初始的股权架构。股权架构也就是股权结构，它指的是不同性质的股权在总股本中占的比例，以及它们之间的相互关系。可以说，股权结构是公司治理结构的理论基础，而公司治理结构则是股权结构的实际体现形式。由此可见，股权架构设置对公司的实际影响是非常大的。

具体地说，提前设置股权架构的好处有以下五大方面：

第一，明确合伙人的权、责、利；

第二，维护创业公司的稳定；

第三，避免权力争夺的问题；

第四，为后期融资创造条件；

第五，为进入资本市场做准备。

既然合伙开公司，那么每位合伙人都应该对公司负责。然而，当合伙人之间的任务分配不明确时，就容易出现推诿、扯皮的情况。显然，这都是会阻碍公司发展的因素。因此，明确合伙人的权、责、利，也就成了推动公司发展的保障性因素。

根据每位合伙人的实际贡献设置股权架构梯次，为公司做出贡献最多者占据公司最多的股权。如果公司赢利了，这些人自然能分享公司更多的利益。如果公司运营失败，这些人则要承担更多的损失。

权利和责任的一致性能督促合伙人对公司尽到管理职责。另外，这对于其他合伙人来说也是比较公平的做法。这样一来，关于公司运营中的各项事务都会有相应的合伙人进行处理。即使遇到重大决策难以达成共识的情况，也有拍板决策的人。这无疑增强了公司的实际执行力。

一些初创公司往往会在迫切的发展愿望的驱动下寻找各种投入要素，并承诺给予对方丰厚的报酬。俗话说，空口无凭。如果没有白纸黑字及相应的实际行动作为条件，是没有人会相信口头承诺的。即使有人被诱人的条件吸引进来，最终也会因为缺乏保障性要素而离开。

但是，如果公司提前设置了股权架构，为各类合伙人预留了股权空间，只要合伙人加入其中，就能得到相应的股权份额，那么合伙人也就不会因为没有安全感而离开创业团队。换句话说，创业公司的稳定性也就得到了保证。

另外，设置股权架构还能避免权力争夺的问题。一般合伙公司在运营之初不会出现重大纠纷，但公司步入正轨、开始赢利时，各种问题和矛盾就会凸显出来。而如果合伙人在合伙之初没有制定明确的股权架构，那么出现权力争夺的现象也就很正常了。当然，如果有明确的股权架构对权力进行约束，那么问题也就能得到有效的解决。

公司要想发展壮大，后期就会涉及融资问题。投资者的钱不会白给任何人，他们在投资的同时会要求占据公司的股权，而股权架构的设计正好为此预留了份额。因此，这个制度也就为融资提供了前提条件。否则，在进行融资活动时可能因为股权架构的问题而错失良机。

最后，明确、合理的股权架构是公司上市的首要前提。也就是说，缺乏股权架构，将没有资格进入资本市场。

总之，不论是从维护合伙人的利益来看，还是从推动公司的发展来看，设置股权架构都是非常有必要的，甚至是必不可少的环节。

设计股权分配的条件

制定动态股权分配战略的第四步是设计股权分配的条件。要进行动态股权分配，首先要制定分配条件。如果没有分配条件作为分配依据，那么股权分配或多或少会存在一定的主观性和随意性。这对于所有参与分配的人员来说是不公平的。事实上，没有分配依据的股权分配不可能得到所有参与分配的人员的认可。这样一来，股权分配工作也是很难顺利进行的。

潘先生由于看到了某领域存在巨大的市场潜力，毅然辞去了稳定的工作，与十几名志同道合的朋友共同组建了一家公司，专门从事建筑物结构改造、加固业务。凭借行业经验与管理能力，潘先生在这个团队中确立了自己的领导地位。在其带领下，公司逐渐做到了行业领军水平。

随着市场越来越大，公司的发展速度也越来越快，市值已经达到了3 000万元。但是，潘先生并不满足于这个结果，他希望能带领整个团队创造更辉煌的成绩,于是决定引进高端人才。由于对人才及管理战略不熟悉,公司做出了高薪挖人的决定,因为他认为以高薪作为条件是最有吸引力的。就这样,潘先生为自己的团队吸引了三位新合伙人。除了高薪以外,潘先生还为三位新合伙人分别分配了25%、15%、15%的股权份额。

这三位新合伙人的确具有很强的实力,潘先生以前的合伙团队未能解决的问题,他们都高效地解决了。但是,由于所处的时代环境不同,以及所受的教育程度不同,这三位新合伙人的很多管理观念都与团队中的其他成员不同。所以,一段时间以后,潘先生及团队中的其他成员都对这三位新合伙人产生了不满。然而,由于这三位新合伙人拥有公司55%的股权,因此他们三人的话语权甚至超过了创始人潘先生的话语权。

之所以会造成潘先生丧失绝对话语权的结果,是因为潘先生及其团队在吸收新合伙人之前没有制定一套完整、详细的股权分配条件。从潘先生挖人的观念及为新合伙人开出的条件就能看出,他仅是出于个人意愿,而没有经过周密的计划和科学的规划。这种草率的做法最终为自己酿成了苦果。

由此也可以看出,提前完善股权分配条件是十分有必要的。假如潘先生有股权分配的意识,并提前制定了科学的股权分配制度,而不是一味地依靠高薪和高份额的股权吸引人,那么潘先生也不会遭遇后期的尴尬处境。

一般来说,制定动态股权分配条件要考虑以下四个问题,如图4-1所示。

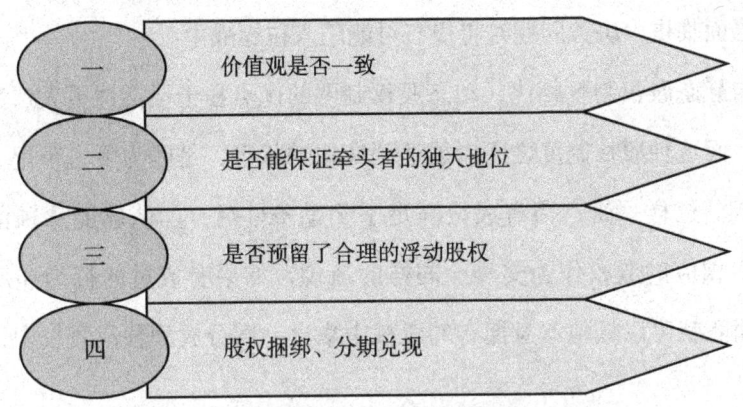

图 4-1 制定动态股权分配条件要考虑的四个问题

　　制定动态股权分配条件的第一要点是判断合伙团队中的成员与将要接纳的新合伙成员的价值观是否一致。因为每个人的价值观决定了其最终的行为，价值观不一致就无法在制定决策时达成共识。这样不仅会使股权分配制度难以落实，还会影响整个团队的内部协作。

　　而且，制定动态股权分配条件作为动态股权分配的前期准备，应该考虑动态股权分配后期工作的方方面面，以及对整个团队运作的影响。更何况，价值观是否一致是检验团队能否拥有凝聚力的重要指标。

　　平均主义是动态股权分配中应极力避免的。要知道，没有区别对待，就容易滋生懒惰情绪。团队中的成员会觉得反正大家最终都能得到一样的好处，多做的人反而会吃亏。当每个人都抱着这种思想对待工作时，其结果可想而知。

　　所以，为了对团队成员起到激励作用，实行差别制股权分配是十分有必要的。而且，考虑到团队中应该有一位能对重大问题做出最终决策的人。因此，在制定股权分配条件时，要让合伙团队的牵头者占据股权独大的地位。假如实行平均分配股权的方式，那么每个人的话语权都是一样的，当面临重大决策问题时将极有可能陷入拉锯战中。

与静态股权制度相比，动态股权制度的优点在于灵活性更大、激励性更强。而这种股权制度之所以能达到变化的状态，是因为事先预留了一部分股权。这样一来，当有成员满足了奖励条件后，团队就能从预留股权中拿出相应的股权作为奖励。同样的道理，如果有成员的行为违反了规定，团队就可以从他本身拥有的股权中拿出一部分放到预留股权中，以兹惩罚。

因为合伙团队中的成员可能在中途退出团队，而他们的退出或多或少都会给整个团队带来不良影响。因此，为了避免或减少这种情况给团队带来损失，团队在制定股权分配条件时可以考虑股权捆绑、分期兑现。

一旦实行了股权捆绑、分期兑现的政策，即使有合伙人中途退出，也不会给整个合伙团队造成太大的影响。因为尽管人退出了团队，但是由于之前签订了股权捆绑、分期兑现的协议，他们不能立马将股权套现。因此，团队的现金流不会受到合伙人中途退出的冲击。

设计配套的股权调整机制

假设 A 和 B 共同投资开了一家公司，启动资金需要 100 万元，因为是两个熟人一起创业，所以决定双方各拿 50 万元，各占 50% 的股权。这样的分配方案在创业初期、公司不挣钱时问题不明显。但随着公司的发展，两人的能力不同，贡献不同，创造的价值也不同，得到的回报却一样，必定会产生矛盾。因此，这样的股权设计一定是"必死"的股权设计。除了用动态股权分配战略改善这种状况以外，创始人还要为股权分配方案设计配套的股权调整机制,这是制定动态股权分配战略的第五步,如图4-2所示。

图 4-2　设计配套的股权调整机制

（1）沟通

为了避免激化内部矛盾,创始人要先和各位合伙人沟通股权调整机制的设计方案。创始人可以让合伙人先思考一个问题:公司要发展壮大,发展过程中,钱和人的作用哪个大？一般沟通的结果都会是钱没有人重要。在这个沟通的基础上,创始人再调整股权设计方案会更容易。

（2）贡献度

随着发展阶段的不同,公司每年要完成的工作也是不同的。创始人可以与合伙人协商清楚今年要做的事,然后根据这些事确定分工。分工的结果作为贡献度的评价标准,贡献度作为股权划分的依据,这样可以达到根据每位合伙人的贡献进行股权设计的目的。现在的公司大多是轻资产公司,没有很多厂房和土地,公司最有价值的就是创造性的成果,而创造性的成果需要人投入巨大的精力来实现。

（3）预留股权

既然创始人将股权一次性分配容易养成合伙人不劳而获的习惯,那么创始人不妨先预留一部分股权用于激励。创始人可以预留20%的股权，到年底时根据每个合伙人的贡献再进行细微的调整，或者把这些股权分给业绩出色的员工。例如，一家培训公司由A、B两人各出资50万元，资本占股20%，人力占股60%，预留股权20%。其中，负责招生的人占股40%。公司还制定了招生考核指标为5 000人，如果该合伙人达到了考核目标，则可以在年底多分40%的红利；如果达不到，则要进行相应的递减。

另外，管理岗占股20%。公司让合伙人协商分工，定下考核点，统计各自的贡献值，到年终时根据贡献值对合伙人进行考核，再发放相应的股权比例，就像管理员工一样管理合伙人。

加入回购机制

制定动态股权分配战略的第六步是加入回购机制。随着公司的发展，股权的价格也在不断变化，合伙人在公司成立初期投入的资金数额并不是股权真正的价格。所以，公司在分配给合伙人股权时就要与合伙人约定回购机制，确定一个双方可以接受的回购价格。这个回购价格往往是公司和合伙人双方自行协商的，一般有三种模式。

（1）参照原来购买价格的溢价

参照原来购买价格的溢价，可以确定股权的回购价格。例如，合伙人出资10万元购买10%的股权，如果几年之后每股价格涨了两三倍，公司就要以比购买价格高的价格从合伙人手中购回股权，也就是溢价购买。

（2）参照公司净资产

参照公司净资产同样也可以确定股权的回购价格。例如，公司发展到第三年或第四年时资产已经上亿，这时公司就不能按原来的购买价格溢价购买了。因为回购是一个买断的概念，股权一旦被公司回购，合伙人就不会再获得任何利益。

参照上述条件，公司的发展速度极快，未来这些股权可能带来更大的增值。所以，这时公司要回购股权，第一要考虑合伙人对公司的贡献度，第二要参照公司的发展速度估算合伙人未来十几年的收益损失。从公平、合理的角度来看，公司可以参照净资产确定回购价格。

（3）参照公司最近一轮融资估值的折扣价

参照公司最近一轮融资估值的折扣价也是确定回购价格的一种方式。融资估值是对公司未来价值的估算，估值的结果不管是5千万元还是1亿元，都是投资公司认为公司未来可能会达到的一个资产数值。但这个估值是动态的，并不代表合伙人离职时公司的净资产就是这个价格。

如果公司完全按照估值的价格回购股权，就会导致公司的现金流压力加大，因而不利于公司未来的发展。这时最好的办法就是以公司最近一轮融资估值的折扣价回购股权。

第 5 章

控制权策略：公司创始人如何避免『被出局』

占股比例和公司的控制权之间不存在绝对的关联。通过股权设计，即使占股少也能实现对公司的控制。创始人要运用好控制权策略，既让合伙人获利，同时也要把公司的控制权牢牢握在自己的手中。

5.1 关于控制权的三个问题

关于控制权，公司的创始人常会存在三个问题，分别是股权与控制权有什么关系、创始人为何痛失控制权，以及如何认定控股股东与实际控制人。

股权与控制权有什么关系

股权是有限责任公司或股份有限公司的股东对公司享有的人身和财产权益的一种综合性权利。股权比例是股东在初创公司中的投资份额，也是股东分红比例的依据，其大小直接影响股东对公司的话语权和控制权。

控制权是指股东根据公司制度及实际运营情况拥有的对公司实行控制的权力。

然而，股权不一定等于控制权，股权多的股东未必一定能控制公司，而股权少的股东未必控制不了公司。

某公司创始人A因陷入经济纠纷，紧急将公司交给B负责，谁知B趁着A不在公司而引入资本，意图稀释A的持股比例。但是，因A在公司中保留了一票否决权，在关键时刻一票否决了B的决议，让B落败离开。

资本的介入必然会造成原有股本被稀释，有些股东通过设置不同的股本结构实现对公司的控制。例如，AB股结构，即发行不同权的A类、B类股票，B类股票的投票权高于A类股票。此类结构能确保特定人群具有掌握公司的权力，即使股权被稀释，创始人依然能保有大量的投票权。

阿里巴巴、百度、京东就设置了AB股结构。百度李彦宏夫妇占股20%，但其投票权超过60%。京东刘强东所持B类股票的投票权与A类股票的投票权之比为20∶1。刘强东占股不到20%，投票权却接近80%，所以他能将公司控制权牢牢地掌握在自己的手中。

随着公司不断融资，创始人势必会不断被稀释股权，很难保持股权占比的绝对领先地位。因此，创始人必须将股权和控制权分离，让自己在股权占比较少的情况下依然能控制公司。

创始人为何痛失控制权

创始人保证自己在公司的控制权，可以保证公司的高效决策，保护自己的权益不受损失，为公司的投资人和员工负责。但是，很多公司因为采用了一些错误的股权分配方式，结果让创始人痛失控制权，公司的经营成果为他人做了嫁衣。

（1）51%+49%

很多合伙人知道不能平分股权，于是为了突显主次，就给主导合伙人分配了51%的股权，给另一个合伙人分配49%的股权。但是，这样也无法解决控制权的问题，51%的股权并不能完全控制公司。假设公司增资扩股，释放出股权，那么原来51%的股权占比就会下降。如果再进行一轮增资扩股，那么原本的大股东就变成了小股东。

（2）40%+30%+30%

"40%+30%+30%"的股权结构看似有一位"带头大哥"，但剩下两个股东的股权加起来为60%，如果三人发生矛盾，大股东就无法控制这家公司。

A、B、C创办了一家科技公司，因A承担了产品开发工作，所以三人的股权比例为40%、30%、30%。后来因公司业绩不佳，三人开始转行做新业务。由于D加入，新业务形成了4个创始人的状态。新业务开业以后，生意非常火爆，吸引了很多媒体和投资者的关注，有很多投资机构主动找上门，并为其估值4 000万元。

4个合伙人都认为应该扩大业务，但这是一项需要资金支持的工作。因此，他们一致同意通过融资的方式获取扩大业务需要的资金。然而，就在引入投资、协商股权的过程中，4个合伙人之间的矛盾被彻底激发了。

A想要自己的投票权是其他合伙人的3倍，其他合伙人都对A的这个要求表示不能接受。但经过协商之后，C、D表示只要做出一些退让，即A拥有2.5倍的投票权，就可以接受A的要求。B却表示不能接受这样的要求，除非得到投资者的肯定。因为没有达成一致意见，所以这件事情就被搁置了，并未得到妥善解决。

后来，A、C、D要求B退出合伙团队，他们没有召开面对面的股东大会，也没有正式宣布结果，而是只在微信上将这件事情告诉了B。之后，4人再次聚到一起就这件事情进行洽谈。A、C、D提出要用27万元现金和2%的股权回购B手中30%的股权。但是，B没有同意，他提出要1 000万元现金。

因新业务团队4∶3∶3的股权架构缺少拥有绝对控制权的股东，所以像这样的股权争端会一直持续下去。另外，因控制权不明，投资方对公司未来的发展方向没有把握，所以可能会拒绝投资。

（3）20%+20%+20%+20%+20%

曾经火爆的众筹咖啡馆、众筹酒店因股东人数众多，大多采用的是"20%+20%+20%+20%+20%"的股权结构，却不曾想众筹变成了"众愁"。因为没有大股东，所以公司也就没有人愿意承担责任，甚至创始人的一个小决策都可能遭到股东反对。

李总是做土特产贸易平台的，公司由他发起，他还兼做管理工作。他的公司有5个合伙人，股权结构为"20%+20%+20%+20%+20%"。有一次，李总想花9 800元为公司添置一款软件，以提高公司电脑的运行效率，结果被另一个股东反对，僵持了3个月也没有采购成功。可见，如果一个管理者连9 800元的决策权都没有，那么他在公司又能做成什么事情呢？

这些股权设计的陷阱不容易被人注意，但是在公司运营的过程中，创始人会逐渐感到自己被制约，甚至当自己反应过来时，控制权早已旁落。

如何认定控股股东与实际控制人

谁是真正的老板？是实际控制人，还是控股股东？其实，控股股东和实际控制人不是同一个概念，但在某些方面会存在争议。那么，我们要如何认定控股股东与实际控制人呢？

（1）认定控股股东

控股股东分为绝对控股股东和相对控股股东。绝对控股股东是指所持股权占公司股本总额67%以上的股东；相对控股股东是指占股比例在67%以下，但其享有的表决权足以对股东会产生重大影响的股东。

对绝对控股股东的认定基本不存在争议，但对相对控股股东的认定可能存在争议。对于"对股东会产生重大影响"，不同的人可能有不同的理解，创始人需要结合股权结构和公司的实际运营情况进行具体分析。

（2）认定实际控制人

实际控制人是指虽不一定是公司的股东，但通过其他安排能够实际支配公司行为的人。换言之，实际控制人就是实际控制公司的自然人、法人或组织。对实际控制人的认定有三种情况，分别为一个实际控制人、共同实际控制人和无实际控制人。

首先，对一个实际控制人的认定很常见，是最好判断的一种情形。在有限责任公司或股份有限公司中，出资额或持股比例最高的自然人就是实际控制人；如果最大股东属于其他组织，则控制最大股东的人就是实际控制人。

其次，在有限责任公司或股份有限公司中，如果股东持股比较分散，而且各个股东之间签订了一致行动的协议或公司章程中有要求股东一致行动的条款，那么这些股东就可以被认定为共同实际控制人。

最后，虽然无实际控制人的情况不多见，但是在目前资本市场风起云涌的时代背景下，公司股东的多样化使股权结构出现了一种分散的趋势。如果公司股权结构分散，各个股东之间又没有一致行动的协议，就会出现无实际控制人的情形。

5.2 控制权的五条关键线

关于公司的控制权，有五种持股比例被称为控制权的五条关键线，分别为完美控制线（67%）、相对控股线（51%）、股东"作怪"线（34%）、重大影响线（20%）、申请解散线（10%）。

67%：完美控制线

"51%+49%"的股权结构虽能突显股东的主次地位，但无法解决控制权的问题。一个大股东即使拥有51%的股权也不能被认为可以完全控制公司，因为随着公司增资扩股，大股东的股权会被逐渐稀释。如果公司章程没有另外的约定，大股东终有一日会失去控制权。

那么，拥有多少股权才能完美控制公司呢？答案是67%。拥有公司

67%以上股权的股东才拥有公司 100%的控制权，可以修改公司章程，分立、合并、变更主营项目，进行重大决策，可以说是公司绝对的掌控者。

51%：相对控股线

51%的持股比例被称为相对控股线，这是相对于绝对控股来说的。股东持股比例超过50%，就意味着占有优势的表决权，能左右公司的重大决策。

但是，股东需要记住，即使拥有51%的股权，也不能完全控制公司。因为未达67%，股东还有7个事项无法独立决策，分别是增加注册资本、减少注册资本、修改公司章程、公司分立、公司合并、公司解散、变更公司形式，除非公司章程有其他约定。

34%：股东"作怪"线

小赵、小王、小张想合伙开一家公司，注册资本为100万元。三人本想各占三分之一的股权，但在工商局登记时因必须填写各自的股权比例，三分之一不便于登记。于是，小张提议由他出资34万元，占股34%，小赵和小王各出资33万元，分别占股33%。小赵和小王觉得这样好登记，便同意了小张的想法，公司顺利成立。

公司经营几年后，小赵和小王觉得自己和小张的经营理念不同，便想换掉小张的董事长位置。然而，他们发现更换董事长必须修改公司章程，但是，《公司法》第四十三条规定："股东会会议作出修改公司章程、增加或者减少注册资本的决议,以及公司合并、分立、解散或者变更公司形式的决议,必须经代表三分之二以上表决权的股东通过。"按现在公司的股权结构,只要小张不同意修改公司章程,就永远无法更换董事长。

我们从上述案例可以看出,持股 34% 的股东能对公司的决议产生重大影响。按这个比例持股的股东拥有 7 项"作怪"的权利:增加注册资本、减少注册资本、修改公司章程、公司分立、公司合并、公司解散、变更公司形式。

20%:重大影响线

20% 的持股比例是重大同业竞争警示线。同业竞争是指上市公司从事的业务与其控股股东控制的其他公司的业务相同或近似,双方可能构成直接或间接的竞争关系。

在我国,一般认为如果一家股份有限公司持有其他公司 20% 以上股权,或可以对其他公司的经营决策施加重大影响,就会出现 20% 这个重大同业竞争警示线。

10%:申请解散线

公司的实际管理依靠股东会、董事会等执行机关的有效运作。所以,当股东会、董事会出现矛盾时,就可能导致公司运营出现严重困难。

为了打破股东僵局,维护股东的正当权益,《公司法》第一百八十二条赋予了股东自救的手段:只要股东单独或合计持有公司 10% 以上的股权，就可以向法院申请解散公司，防止公司的损失进一步扩大，伤害自身的权益。所以，如果是参与公司运营的投资人，持股比例最好不要低于10%，否则很可能无法保障自己的资金安全。

5.3 控制权策略之主动进攻

创始人可以通过 AB 股结构、委托投票权、控制董事会、一致行动人、一票否决权等策略，主动调整股权设计方案，以达到把握控制权的目的。

AB 股结构

AB 股的核心是同股不同权。公司将股票分为 A 股和 B 股，对外发行的每一股 A 股只有 1 票投票权，而管理层持有的每一股 B 股有 N 票投票权。美国许多上市公司都采用 AB 股结构，N 一般取 10，让核心团队每一股的投票权是外部投资人每一股的 10 倍，从而牢牢掌握公司的控制权。但是，B 股一般不能公开交易，要想转让，就必须先转换成"一股一票"的 A 股。A 股在利润分配、优先受偿等方面更有优势，满足了部分投资人只在乎回报、不需要公司控制权的需求。

AB 股最初盛行于美国，一些互联网公司的创始人把握着新技术的脉搏，但因公司前期对资本的需求较大，经历多次融资后，创始人的股权被稀释，投资人拥有了控制权。此时如果按照"资本多数决"原则，投资人可能会代替创始人为公司做出决策。

乔布斯在1985年被解除苹果公司的经营权、管理权、人事权，就是因为其只持股15%。而在苹果公司创业初期，创始人乔布斯和沃兹尼亚克各持股30%，投资人马库拉持股30%，硬件工程师霍尔特持股10%。这样的股权结构在被多轮融资稀释后，乔布斯仅持股15%，沃兹尼亚克也只持股6.5%，而马库拉持股11.4%。后因公司业务调整，董事会轻易便迫使乔布斯递交了辞呈。

高科技公司无论技术多么先进，前期的发展和推广都需要大量的资金。而在募集资金的过程中，创始人想保留控制权就必须缩小融资规模，想扩大融资规模就必须牺牲控制权。AB股完美地解决了这个问题，让控制权和融资可以达到平衡。

不同的投票权架构能有效地让持股比例被摊薄的创始人团队仍然掌握对公司的控制权。创始人团队不会因为股东的投资额增大而产生对控制权的焦虑。这样有利于保证公司的长远利益，同时对创业团队和投资人都是一种保护。

谷歌创始人曾说："B股可以让我们在不受新投资者压力的情况下追求创新。"我国企业了解AB股结构，始于百度、京东、阿里巴巴等互联网巨头公司在美国上市。当它们的股权结构被公开时，大众一片哗然，原来这些公司的创始人其实只是小股东。他们用如此少的股权控制公司的秘密便是AB股结构。

以京东为例，刘强东所持的B类股，1股拥有20票的投票权，而其他股东所持的A类股一股只有1票的投票权，刘强东凭借接近80%的投票权牢牢掌握着公司。如果没有接近80%的投票权，刘强东或许难以力排众议,发展物流和仓储,京东也难有如今的辉煌。由此可见,AB股结构非常有利于创始人排除其他股东的干扰,坚定地实现公司的发展蓝图。

委托投票权

委托投票权是指股东在股东大会召开之前已经投票或把投票权转让给出席大会的其他人行使。我国《公司法》第一百零六条规定:"股东可以委托代理人出席股东大会会议,代理人应当向公司提交股东授权委托书,并在授权范围内行使表决权。"

上市公司天常股份有一家子公司,名为连云港天常。申报IPO前,天常股份与连云港天常的股东小肖签署了《委托投票权协议》,约定小肖将持有的19%的连云港天常的股权对应的权利授权给天常股份行使,具体包括以下四点。

第一,连云港天常股东会决议时,发行人可根据自己的想法行使19%的股权对应的表决权。

第二,发行人享有19%的股权对应的提案权、提名权等权利。

第三,委托期限自协议签署之日起至小肖持股比例低于1%。

第四,上述授权委托无条件且不可撤销。小肖承诺自协议签订之日起5年内不转让这19%的股权。期满后如果转让股权,同等条件下发行人有优先购买权。

小肖之所以签署《委托投票权协议》,是因为其长期生活在北京,不便参与连云港天常的日常管理,自己也没有相关意愿。加上小肖与天常股份的法人小陈是多年的朋友,互相非常信任,天常股份多年的经营状况也很好。因此，小肖愿意将自己19%的股权对应的投票权委托给小陈行使。

委托投票权不同于一致行动人，是指身为委托人的股东完全放弃投票权，由受托人代为行使。在公司上市过程中，如果存在几个股东的股权比例接近且股权分散的情况，创始人一般都会将股东捆绑为一致行动人，但如果这些股东是纯粹的财务投资人并不愿意被锁定，创始人就可以选择用委托投票权的方式将控制权交给最大的股东，以便于认定实际控制人。

控制董事会

控制股东会，可以控制公司的运营和决策。但是，一般股东大会一年只召开一次，所以股东一年只有一次参与公司经营的机会。因此，在公司日常经营的过程中，股东无权过问公司的财务、人事、管理等事务，哪怕股东想开除一名清洁工，也无权实施。

董事会与股东会不同，它是公司日常事务的执行机构。公司可以根据管理需要召开董事会，股东控制了董事会就可以掌控公司的日常事务。这是因为董事会中的董事代表的不是公司利益，而是支持他的股东的利益。那么，股东如何实现控制董事会呢？

董事会的决议规则是一人一票，多数同意即可通过。所以，只要控制董事会一半以上的席位，就可以控制董事会。因此，创始人需要在公司章程中约定：创始人拥有董事会成员一半以上的提名权。如此一来，创始人在公司中的日常决策都可以获得董事会成员一半以上的支持，从而快速实现自己的目的。

一致行动人

我国《公司法》第二百一十六条规定:"实际控制人,是指虽不是公司的股东,但通过投资关系、协议或者其他安排,能够实际支配公司行为的人。"由此可见,即使不是公司股东,通过协议安排也能成为实际控制人。《上市公司收购管理办法》第八十三条规定:"本办法所称一致行动,是指投资者通过协议、其他安排,与其他投资者共同扩大其所能够支配的一个上市公司股份表决权数量的行为或者事实。"

由此可见,公司股东签署一致行动人协议,相当于在股东会以外又建立了一个合法的"小股东会"。每次股东会决议事项前,"小股东会"可以先讨论出一个对外的结果,然后统一在股东会中做出表决。简单地说,就是几名股东共同一致对外,如果有人不按照协议约定一致行动,那么他就会受到协议中约定条款的惩罚,如罚金、赔偿股份等。

非上市公司与上市公司关于一致行动人的界定存在一些差别。对此,《上市公司收购管理办法》第八十三条对上市公司"一致行动人"做出了如下界定。

在上市公司的收购及相关股份权益变动活动中有一致行动情形的投资者,互为一致行动人。如无相反证据,投资者有下列情形之一的,为一致行动人:

(一)投资者之间有股权控制关系;

(二)投资者受同一主体控制;

（三）投资者的董事、监事或者高级管理人员中的主要成员，同时在另一个投资者担任董事、监事或者高级管理人员；

（四）投资者参股另一投资者，可以对参股公司的重大决策产生重大影响；

（五）银行以外的其他法人、其他组织和自然人为投资者取得相关股份提供融资安排；

（六）投资者之间存在合伙、合作、联营等其他经济利益关系；

（七）持有投资者30%以上股份的自然人，与投资者持有同一上市公司股份；

（八）在投资者任职的董事、监事及高级管理人员，与投资者持有同一上市公司股份；

（九）持有投资者30%以上股份的自然人和在投资者任职的董事、监事及高级管理人员，其父母、配偶、子女及其配偶、配偶的父母、兄弟姐妹及其配偶、配偶的兄弟姐妹及其配偶等亲属，与投资者持有同一上市公司股份；

（十）在上市公司任职的董事、监事、高级管理人员及其前项所述亲属同时持有本公司股份的，或者与其自己或者其前项所述亲属直接或者间接控制的企业同时持有本公司股份；

（十一）上市公司董事、监事、高级管理人员和员工与其所控制或者委托的法人或者其他组织持有本公司股份；

（十二）投资者之间具有其他关联关系。

养元饮品成立于1997年，在2005年以前属于国有企业。后来，随着河北省国企改革的深入，养元饮品被姚奎章收购，完成了私有化改革。由于公司的特殊背景，养元饮品被私有化之初，姚奎章仅持股23.36%，不能绝对控股。养元饮品上市前的股权架构，如图5-1所示。

```
                     ┌──────────────┐
       34.87%        │ 雅智顺投资    │
  姚奎章 ─────────→   │ 有限公司      │ ←──────┬────────┬─────────┐
                     └──────────────┘ 16.38% │ 16.38% │ 32.36%  │
                                          ┌──┴──┐ ┌──┴──┐ ┌─────┴────┐ ┌──────────┐
                                          │范兆林│ │李红兵│ │高森林等  │ │其他113名 │
                                          │     │ │     │ │12名自然人│ │自然人    │
                                          └──┬──┘ └──┬──┘ └────┬─────┘ └────┬─────┘
      23.36%        20.39%        10.97%     10.97%      23.67%        10.64%
         │              │            │          │            │              │
         ▼              ▼            ▼          ▼            ▼              ▼
  ┌─────────────────────────────────────────────────────────────────────────────┐
  │                   河北养元智汇饮品股份有限公司                              │
  └─────────────────────────────────────────────────────────────────────────────┘
```

图5-1　养元饮品上市前的股权架构

姚奎章对养元饮品的控制权仅为23.36%，而且除了姚奎章以外的其他股东也未能绝对控股，即任何人都无法单独对公司的重大经营决策施加决定性影响。换句话说，养元饮品现阶段并无实际控制人。

为了避免决策分歧影响上市效率，姚奎章对公司的控制权进行整合。虽然直接将小股东的股权平移给雅智顺投资有限公司是最好的整合方案，但因公司面临上市，如果让小股东放弃直接持股，就会间接损害小股东的利益。于是，姚奎章做了以下安排。

雅智顺投资有限公司召开临时股东会，通过了《关于签订〈姚奎章先生与雅智顺投资有限公司一致行动协议〉的议案》。除了姚奎章以外，其他14名股东一致通过了该议案。与此同时，姚奎章与雅智顺投资有限公司也签署了这项协议。经过股权调整之后，养元饮品的股权架构如图5-2所示。

通过一致行动人协议，姚奎章成为养元饮品的实际控制人，拥有了公司43.75%的控制权，成了公司的实际控制人。

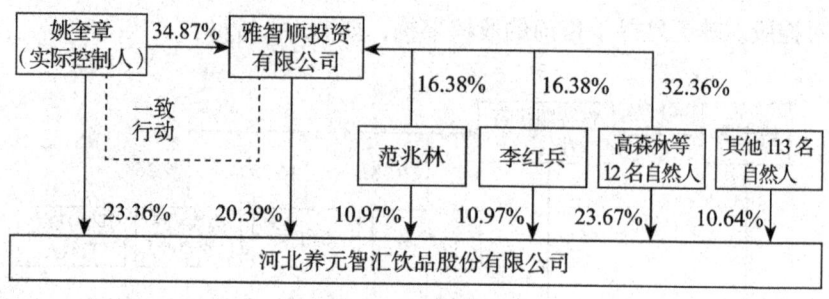

养元饮品—致行动人

图 5-2　养元饮品经过股权调整之后的股权架构

一票否决权

很多创始人在起草公司章程时都想设置一票否决权。那么，一票否决权有几种类型，又该如何设置呢？

一票否决权有以下三种类型。

第一，有限责任公司大股东规定自己对某事项有一票否决权，不经自己同意，公司不得作出决议。

第二，有限责任公司大股东规定自己对董事会讨论的事项有一票否决权。

第三，有限责任公司大股东规定董事长对董事会存在分歧的讨论事项可以多投一票。

一般一票否决权分为股东会的一票否决权和董事会的一票否决权。在有限责任公司中，股东会设置的一票否决权是有效的，而董事会设置的一票否决权是无效的。事实上，一票否决权可以分为默示约定与明示约定。

默示约定是指不明确约定一票否决权，但实际上每个股东都享有一票否决权，也就是公司章程约定的一致决议。例如，某公司章程约定："股东会所作出的决议，应当由全体股东一致通过。"《公司法》中的规定是设置表决权的最低限制，如果公司章程规定比法律规定更严格，则公司可以自行决定。因此，法院一般对默示约定的一票否决权基本都支持。

至于明示约定的一票否决权，法院一般也会认可。毕竟《公司法》第四十二条规定："股东会会议由股东按照出资比例行使表决权；但是，公司章程另有规定的除外。"例如，在曾奕诉上海产联电气科技有限公司的公司决议撤销纠纷案中，法院对章程及股东协议约定的股东否决权予以明确支持。法院认为，根据《增资扩股协议书》，否决权的约定出于对曾奕、李春友等创始股东地位的保护，应属有效。

至于为什么董事会设置的一票否决权无效呢？因为《公司法》第四十八条规定："董事会决议的表决，实行一人一票。"法律并没有规定董事会的议事规则可以另行约定，所以这个规定属于强制性规定。董事会是受全体股东委托行使公司管理权的机构，每一位董事由股东会选举，是全体股东的受托人。董事长是由董事选举产生，是董事会的召集者或象征。从"委托—受托"角度看，董事长没有超出一般董事的特权。因此，如果在董事会层面设置一票否决权，会造成不同受托人之间的权力失衡，违反《公司法》规定的董事会的议事规则。

那么，如果创始人想设置一票否决权，应该怎么做呢？具体有以下两种方式。

第一，将公司设置为有限合伙，自己担任普通合伙人，其他投资人为有限合伙人。

我国《合伙企业法》第六十七条规定："有限合伙企业由普通合伙人

执行合伙事务。执行事务合伙人可以要求在合伙协议中确定执行事务的报酬及报酬提取方式。"这样设置，创始人就能自己完全掌控合伙事务了。

第二，在公司章程和股东协议中同时明确创始人在某些事务上享有一票否决权，同时不将公司股东会的表决方式设置为需要全体股东一致同意。

《公司法》第四十二条允许公司章程另行规定是为了尊重公司的人合性。但如果股东滥用一票否决权，造成了对公司及其他股东的侵害，则可能构成滥用股东权利，引发公司僵局，导致股东会无法作出决议。因此，创始人在设置一票否决权时要慎重行事。

第 6 章
里程碑设置：向着特定的目标前进

里程碑是公司拥有的实际价值的象征，因此可以作为股权分配的依据。创始人可以通过设置里程碑，为各合伙人设置目标，以达到动态股权分配的目的。

6.1 根据目标设置里程碑

公司的经营目标或合伙人的业绩目标都可以作为里程碑，创始人可以使用 SMART 原则或 OKR（目标与关键成果法）为动态股权分配方案设置里程碑。

SMART 原则：制定目标的必备工具

里程碑是动态股权分配的"任督二脉"，也是公司根据不同发展阶段对自身状态临界点的一个定位。如果落实到动态股权分配上，里程碑可以有很多种形式，如产品设计完成、公司上市成功等。

设置合适的里程碑，可以保证公司在每一个发展阶段都朝着正确的方向前进，也可以促使员工为共同的目标而努力，从而实现最终愿景。此外，里程碑设置得是否合适，也在一定程度上体现了运营者对风险变化是否足够敏感。

SMART原则由管理学大师彼得·德鲁克提出，最早出现在他于1954年出版的著作《管理实践》（*The Practice of Management*）一书中。根据德鲁克所说，一位优秀的管理人员懂得如何避免"活动陷阱"（Activity Trap），是不会只顾低头拉车而忘了眼观六路、耳听八方，忘记自己的主要目标的。目标不是抽象的，而是管理者用于衡量工作成效的标准；目标必须具有能够转化为详细工作安排的可操作性；目标必须能把各种有用的资源集中在一起；目标必须是影响团队发展的不可或缺的因素之一。

SMART原则主要包括以下五个方面。

（1）目标必须是具体的（Specific）

创始人制定的目标要切中特定的工作环节，不能模糊不清。明确的目标是指所要达成的行为标准必须能够由具体、详细的语言清晰地阐述。明确的目标可以让合伙人形成有效的分工，防止后期工作过程中发生推诿扯皮的现象。例如，某家公司的目标是"今年公司要实现150%的增长"，虽然这个目标有数字，看起来很具体，但150%的增长是一个概数，实际上并不明确。如果把这个目标变成"今年销售部的销售额要实现150%的增长"，这样目标就具体了。

（2）目标必须是可以衡量的（Measurable）

创始人制定的目标必须数量化或行为化，可以清晰地获得验证绩效指标的有效数据或信息。判断制定的目标能否实现，取决于目标是否能衡量。制定的目标明确而不模糊是衡量目标能否达成的标准，要有一组明确的数据作参考。但大方向性质的目标本身就很难衡量，这说明不是所有的目标都可以被衡量。例如，"今年要收购两家公司，并完成1个团队建设项目"这个目标就是可衡量的，而"今年要提升华东片区的市场占有率"这个目标就是很难被衡量的。

（3）目标必须是可以达到的（Attainable）

这是指制定的目标可以通过努力得以实现，但一定要避免设立过高或过低的目标。目标必须让团队合伙人能够实现，以激励合伙人努力工作。如果一位创始人为了达成自己的利益，使用不正当手段，把自己制定的不符合实际情况的目标强加于合伙人身上，那就会造成团队合伙人心理或行为上的抗拒，反而阻碍了公司的发展。

（4）相关的（Relevant）

创始人制定的目标要脚踏实地，看得见，摸得着，可以进行证明与观察。目标的相关性是指制定的目标要和其他目标具有一定的相关性；否则，即使实现了单一的一个目标，对团队整体的发展意义也不是很大。

（5）有时限的（Time-based）

目标的截止期限必须明确而清楚。目标的时限性是指目标要有一定的时间限制，创始人应该特别注重目标的截止期限。如果目标没有时限性，将会导致绩效考核不公正，从而降低团队合伙人的工作热情。例如，"销售部要完成100万元的销售额"这个目标就没有具体的时间限定，那么在什么时间完成这些销售额？可以是1个月，也可以是1年。如果时间成本与成果产出不能对应，这个目标也就失去了里程碑意义。

动态股权分配与 OKR

OKR 的"O"代表 Objective，即企业目标；"KR"代表 Key Results，即关键结果。OKR 是一种以结果为导向、以完成企业目标为目的的管理工具。现在很多公司属于轻资产公司，最重要的资产就是创造性的成果，所以 OKR 能准确反映合伙人为公司创造的价值。

根据公司规模的不同，OKR 的部署方式也不同。公司创始人在引进 OKR 时，可采用的方式主要包括以下三种。

第一，对于创业公司而言，由于公司规模较小，在整个公司范围内部署 OKR 也较容易，因此公司创始人可以在全公司部署 OKR。这是 OKR 应用的主流，创业公司是部署 OKR 的主力军。没有其他管理模式的束缚，创业公司在成立之初就可以选择一种更符合时代发展、更能促进高绩效管理的管理模式来管理合伙人团队。

第二，对于传统的大型公司而言，公司创始人可以选择先在某个部门进行试点。许多传统的大型公司都会选择公司的研发部门试行 OKR。在研发部门中，由于员工工作的关键指标难以量化，传统的目标管理工具 KPI 很难在研发部门中发挥有效的管理作用，因此研发部门亟需寻求新工具进行有效的管理。

第三，公司创始人可以在单独的项目中部署 OKR。OKR 的理念十分吻合研发团队中敏捷开发的原则，如聚焦优先、不断更新等都是两者共同追求的目标。对于敏捷开发项目而言，OKR 比 KPI 更能推动项目的进展。

无论公司创始人选择在某个部门还是在整个公司中部署 OKR，都需要逐步进行。同时，从初步部署 OKR 到实现整个公司的覆盖，这个时间可能是一个季度甚至一年，所以公司创始人不必急于求成。为什么在公司部署 OKR 需要这么久呢？

一方面，OKR 设定目标的方法与 KPI 设定目标的方法不同，不是仅设定一个量化指标就可以了。公司创始人需要明确完成任务的先后顺序、达成目标的逻辑和最终效果。因此，公司创始人需要锻炼自身的系统思维。公司创始人对 OKR 有整体的、系统性的把握，才能在后续的工作中对合伙人的贡献进行衡量。

另一方面，公司创始人需要逐步建立 OKR 实施的文化基础。OKR 提倡自我管理、团队协作、挑战创新、坦率沟通等，只有在公司中建立了这样的文化氛围，才能发挥 OKR 更大的作用。在部署 OKR 的过程中，公司创始人要评估这些文化因素，不断进行调整。

在公司创始人部署 OKR 的过程中，还可能会存在一些特殊情况，这也是公司创始人需要重视的。当不同的团队之间存在合作关系时，它们可以共用一组 OKR。

例如，IT 部门下属的 IT 销售团队、IT 市场团队、IT 产品团队等，这时不需要每个 IT 业务团队单独制定 OKR，它们可以共同使用一组 OKR。各业务团队在制定 OKR 时，可以通过彼此的沟通实现 OKR 的合理性与一致性。这样对于不同的在工作上存在相关性的团队而言，其目标和关键结果是一致的，更有利于彼此工作的协作。

不仅 IT 团队可以采用这种模式，其他团队也可以采用这种模式，这取决于团队组织结构联系的紧密性。例如，在软件行业，产品团队和开发团队是紧密协同的，虽然它们是两个截然不同的部门，但它们之间的依赖关系较强，可以共用一组 OKR。

无论公司创始人采用哪种方式在公司内部署 OKR，都要根据公司业务及规模分析并选择合适的部署方式。同时，如果公司创始人想在整个公司内部署 OKR，也需要通过部门试点一步步推行。在逐步推广 OKR 的过程中，公司创始人需要有足够的耐心，也需要把握时机。

6.2　盘点常用的里程碑

常用的里程碑一共有两个，分别是产品研发突破某个困境，以及销售额、盈利、用户数达到某个数值。

产品研发突破某个困境

张鹏是一位爱好音乐的"90 后"，他和自己的好朋友李子龙共同创办了一家音乐公司。经过商议，张鹏担任首席执行官（CEO），负责产品推广和品牌建设；李子龙担任首席技术官（CTO），负责技术方面的工作。后来，为了提升公司的竞争力，李子龙又邀请高宇加入了公司，让其担任首席运营官（COO）。

就这样，三人正式开始了创业之路。起初，三人因为相互之间的关系比较好，所以没有太过关注股权分配的事情，仅做出了非常简单的股权分配：张鹏作为发起人，占据 77% 的股权；李子龙占据 20% 的股权；最后加入的高宇占据 3% 的股权。

然而，就在产品上市后不久、市场情况逐渐变好、公司进入快速发展阶段时，张鹏和李子龙因为价值观和理念不同而产生了非常大的分歧，并且都认为自己的贡献比较大。与此同时，高宇的实力开始显现，他凭借自己出色的音乐才华为公司带来了大量的用户。

高宇的实力获得了张鹏和李子龙的认可，两人都愿意将部分股权分配给他。但是，团队的矛盾已经非常尖锐，甚至到了三人都无法坐在一起商量事情的地步，公司也面临分崩离析的风险。不过，好在三人对股权分配的重要性还是达成了一致。于是，为了挽救公司，三人决定根据业务现状、未来规划、发展阶段等因素制定动态股权分配机制，如图6-1所示。

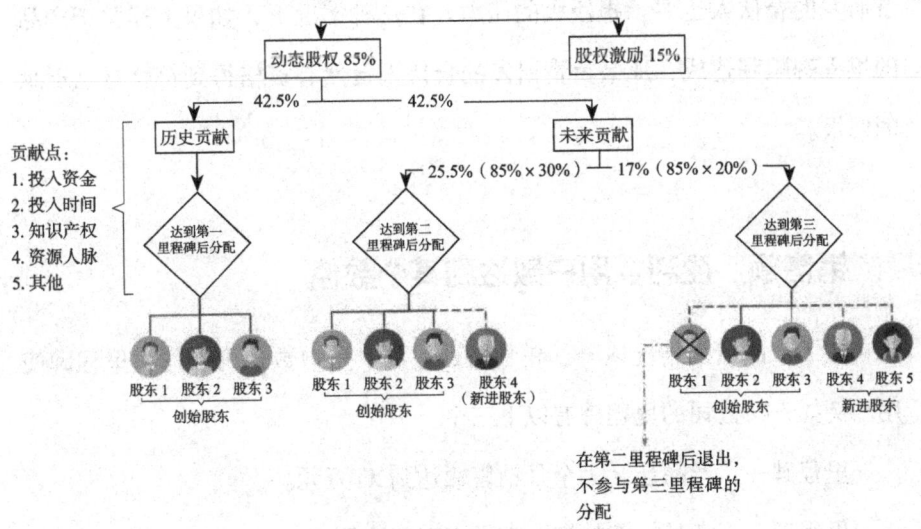

图6-1 动态股权分配机制

在动态股权分配机制下，张鹏（图6-1中的股东1）、李子龙（图6-1中的股东2）、高宇（图6-1中的股东3）之间的关系立即发生了变化，公司的发展和股东的利益也达到了平衡状态。随后，张鹏和李子龙进行了"破冰"交流，高宇也对自己的股权份额十分满意。三人又重新走到了一起，竭尽所能地提升自己的实力，使公司迈向下一个新的阶段。

在上述案例中，张鹏、李子龙、高宇也设置了里程碑。当达成某个里程碑时，他们就需要根据已经提前安排好的方案重新对股权进行分配。

不同的公司在设置里程碑时，应该考虑公司所处的发展阶段，以及公司的类型。例如，产品导向型的公司需要根据产品研发、市场推广等情况设置里程碑。某公司的一个里程碑就是产品成功研发并通过测试，这意味着该公司对产品研发或产品何时突破困境十分重视。

由于公司要研发好的产品，因此人力、物力都会向研发部门倾斜，负责研发的合伙人也要承担极大的压力。在这种情况下，如果上述关于产品的里程碑顺利达成，那么负责研发的合伙人自然有资格得到符合自己贡献的回报。

销售额、盈利、用户数达到某个数值

除了产品研发情况以外，销售额、盈利、用户数也可以作为里程碑使用。例如，某公司的里程碑有以下三个。

里程碑一：产品连续3个月销售额达到X万元。

里程碑二：产品持续盈利，市场占有率达到$Y\%$。

里程碑三：做好产品的宣传和推广，用户数达到Z。

在达成里程碑一的过程中，销售部门的重要性持续上升，负责这部分工作的合伙人将做出更大贡献；在达成里程碑二的过程中，市场部门付出了努力，工作强度加大；在达成里程碑三的过程中，负责营销的合伙人变

得更关键，其发挥的作用更大。

面对不同的里程碑，创始人需要衡量不同的部门和合伙人的贡献，并据此为其分配股权。在设置里程碑时，除了考虑公司对未来的规划以外，创始人还应该考虑不同发展阶段对部门、员工、股东、合伙人的希望和期待。

对于公司而言，每一个里程碑都代表着一份心血，都是一步一个脚印逐渐达成的。从本质上看，动态股权分配是在激发大家走正确的道路，发挥更大的积极性，同时给予各方"只要努力就可以获得"的等值回报。

在公司经营的过程中，里程碑充当着"分水岭"的作用。如果掌握了设置的技巧，那么每达成一个里程碑就意味着公司进入一个全新的发展阶段。为了适应新的发展阶段，对股权分配进行调整非常有必要。一方面，有利于肯定大家的成就，激发团队的潜力；另一方面，可以促进整体效率的提升，推动最终愿景的实现。

6.3 根据里程碑分配股权的方法

设置好里程碑后，创始人如何根据里程碑分配股权呢？具体有两种方法：一是固定切割法；二是剩余比例切割法。

固定切割法

固定切割法是当达成已经确定好的某个里程碑时，公司的某个或某几个股东应该把部分股权拿出来分配给大家。例如，达成第一个里程碑时，股东拿出 10% 的股权；达成第二个里程碑时，股东拿出 10% 的股权；达成第三个里程碑时，股东再拿出 10% 的股权……以此类推，直至股权分配完毕。

上面所说的"大家"主要是指在里程碑达成的过程中做出实际贡献、付出一定努力的成员。如果是新加入的成员，而且没有为里程碑的达成发挥作用，那就不可以参与股权分配。当然，等到设置下一个里程碑后，新加入的成员还是可以凭借自己的贡献参与股权分配并获得相应的回报的。

这里需要注意的是，对于财务、人力资源、行政等难以设置里程碑的工作，创始人可以采取特殊的方法。具体地说，提前规划好完成此项工作所需要的贡献，然后由相关负责人根据实际情况自行制定动态股权分配机制。由于"动态股权分配"可以跨越时间维度和空间维度，因此公司未来的股权分配应该是可以提前感知的。

剩余比例切割法

在固定切割法中，如果里程碑顺利达成，那么股东拿出来的股权是不变的，例如，都是 10% 或 20%。而剩余比例切割法则有所不同，创始人需要预留一部分剩余的股权，然后根据里程碑的达成情况对这部分股权进行分配。

例如，将剩余的股权看作一个"股权池"，这个"股权池"中有 20% 可以分配的股权。达成第一个里程碑时，分配这 20% 的股权中的 10%（20%×10%＝2%），此时还剩余 18% 的股权没有分配；达成第二个里程碑时，再分配18%的股权中的10%（18%×10% = 1.8%），此时还剩余16.2%的股权没有分配；达成第三个里程碑时，再分配16.2%的股权中的10%（16.2%×10% = 1.62%），此时还剩余14.58%的股权没有分配……以此类推，直至股权分配完毕。

虽然使用剩余比例切割法会让可以分配的股权越来越少，但因为公司本身处在快速发展阶段，所以每个人实际获得的回报也是呈现上升趋势的。此外，当公司获得了较高的利润以后，"股权池"中能够容纳的对象也会逐渐增多（从理论上说可以无限增多）。这也就意味着可以享受回报的人将越来越多。

第 7 章
贡献量化与计提：公平的『切蛋糕法』

第 7 章 贡献量化与计提：公平的"切蛋糕法"

通过衡量合伙人的贡献来分配股权是动态股权分配的常用方法。因为随着公司的发展，合伙人的贡献对公司的价值也在不断发生变化，所以创始人需要对合伙人的贡献设计计提时点，也就是为合伙人的贡献开始计算价值规定一个时间，以达到更加公平分配股权的目的。

7.1 贡献点的选择与制定标准

除了资金，合伙人为公司付出的工作时间、场地、人际关系资源、创意等都可以作为股权分配的贡献点。那么，这些贡献点要如何估算呢？

工作时间

合伙人对公司最重要的贡献非工作时间莫属。毕竟即使公司具备丰富的物质条件，如果没有人经营它，公司也不会有所发展。

估算合伙人工作时间价值的方式很简单，创始人只需参考现在人才市场的通用工资标准就可以了。例如，在同样的岗位上，有相同教育背景、工作经验的人拿多少工资，这个数字就是该合伙人工作时间的价值。

合伙人工作时间的价值也不是单纯用工资来衡量的。一方面，在创业之初，如果公司按标准发放了工资，而合伙人还没有为公司做出应有的贡献，那么此人相当于公司雇用的员工，不能得到股权；另一方面，如果公司给予这个人一定的股权，但价值低于他的工资标准，那么他很可能就不会加入公司。既然合伙人选择了创业，那就说明他认为创业得到的股权有很大的价值，足以使他放弃稳定的工资收入。

以合伙人每月工资2万元为例。如果在创业过程中，合伙人免费为公司工作，就相当于为公司每月节省了2万元的人力投入，即合伙人对公司做出的时间贡献为每月2万元。如果合伙人每月拿5 000元工资，那么他的时间贡献就是每月15 000元。以此类推，如果合伙人每月拿2万元的工资，那么他对公司就没有任何时间贡献了。也就是说，公司本该发放却未发放的工资才是合伙人的工作时间贡献。

在折算工资时，创始人要以合伙人的具体情况为依据来折算合伙人的时间贡献。如果合伙人只是兼职创业，那就要按照兼职人员的工资来折算；如果合伙人全职工作，则可以按照实际工作的时间来折算。

现金或实物等资产

现金是价值最明确、不需要估值的贡献，只需要按照具体金额进行折算就好。所谓万事开头难，创业起步阶段对现金的需求非常迫切，尤其在项目尚未表现出前景的情况下，投入大量现金的风险非常高。而随着公司进一步发展，明朗的前景会吸引大量的投资人，此时资金有了可选择性，现金的重要性也不如创业初期高了。所以，创始人在折算创业初期的现金贡献时要按大于实际金额的标准进行折算。

实物资产也可以看作现金贡献，毕竟实物资产是有价格的。但是，实物资产要满足两个条件，才能以现金的价值来估值。

第一，实物资产必须是公司发展过程中的核心资产，如互联网行业的网站服务器等。如果是为了生活需要购买的微波炉、咖啡机等，就不能算作实物资产。衡量实物资产的价值要遵循"创业需要"这个原则。

第二，实物资产必须是专门为了公司的经营而购买的，如公司的电脑、办公桌、打印机等。但如果是被淘汰的办公桌、旧电脑等，就不能算作实物资产，因为这些都不是专门为公司购买的。

这些实物资产应该怎样估算价值呢？如今市场上有一些专业的评估师可以对实物资产进行专业评估，但是创始人自己心中对此也要有大致的了解。一般来说，如果是全新的实物资产，可以按购买价格折算；如果是使用过的实物资产，可以参照当前二手商品的价格折算。

办公场所

在公司成立之初，任何公司都要有一个"根据地"。创始人需要根据公司的性质选择不同的场地，有些公司只需要一间办公室，有些公司还需要仓库或店面，这些都是必不可少的财务开支。此时，如果合伙人能够提供场地，就相当于为公司节省了这部分财务开支。那么，公司应该给却未给的这部分场地租金就是合伙人的贡献。

需要说明的是，并不是合伙人提供的所有场地都能折算成贡献，因为有些场地不在折算范围内。

首先，多余的场地不能算合伙人的贡献，因为它不能带来价值。例如，公司的规模不大，只需要一间二三十平方米的办公室，而合伙人却提供了三五百平方米的场地，多出来的大部分空间其实是没有价值的。

其次，原本不以营利为目的的场地不能算合伙人的贡献。如果合伙人提供的场地之前不是用来赢利的，那么说明这个场地原本就不能为合伙人带来收益，即使合伙人提供给公司使用也不会给他带来损失，自然就不能折算成贡献了。

创意

能作为创始人贡献的创意，当然不是指单纯的点子或初步的想法，因为这些东西不具备太多价值。可以作为合伙人贡献的创意，是指在单纯的点子之上经过反复思考与研究、最终形成的成熟的商业方案，或初步想法已落实、已进入开发阶段的原始产品。这些能看到市场前景的创意，才是有价值的贡献。

想一个创业点子并不难，难的是将这个点子转化为实际的商业方案。这个转化过程需要合伙人做大量的前期工作，这些工作才是合伙人为公司做出的贡献。

专用技术或知识产权

专用技术或知识产权属于无形资产,是公司发展的关键因素。如果合伙人能为公司提供此类无形资产,创始人应该参考市场价值将其折算成合伙人对公司的贡献;如果合伙人不是转让而是授权公司使用该专用技术或知识产权,那么其许可费也可以看作其对公司的贡献,创始人可以按照公司该给却未给的费用进行折算。

除此之外,有些合伙人还会将自己开发的产品转让给公司,如已经开发并投入运营的网站、App等。这些产品的转让价可以作为折算依据,创始人可以将目前市场上类似交易的转让价格作为参考。

可用于公司经营的人际关系资源

公司在发展的过程中,在融资、进货、销售等方面都会需要一些人际关系资源,这些人际关系资源可以帮助公司更容易地实现融资目标、寻找合作伙伴、打开销售渠道等。有些合伙人正好能为公司提供该资源,节省公司建立人际关系的成本。

创始人可以从人际关系带来的收益出发,采用不同的折算方式。例如,如果合伙人的人际关系资源帮助公司提升了产品销量,公司应给予合伙人一定的提成,这部分该给却未给的提成可作为合伙人对公司的贡献;如果合伙人的人际关系资源为公司实现了融资目标,公司应该支付一定的佣金,这部分该给却未给的佣金可作为合伙人对公司的贡献。

除了上述六种贡献点,公司可能还需要一些短期资源,如果这些资源能帮助公司更加健康地发展,也可以作为合伙人对公司的贡献。总之,对于创业公司来说,只要是公司运营发展需要的,又没有用现金回报的资源,都可以作为合伙人对公司的贡献。

7.2 贡献值评估:贡献点的实际价值

明确了贡献点,下一步就是评估贡献点的实际价值,以此作为股权分配的依据。创始人要根据合伙人的贡献价值的变化,选择合适的计算方法,并设置计提时点,以达到公平分配的目的。

如何衡量贡献值

在某公司中,李米、张玉华、罗宇航、吴建刚分别投入55万元、15万元、15万元、15万元的现金,并以此为基础对股权进行了分配。该公司主要提供社区O2O服务。张玉华从事运营推广工作,因为与其他三人产生矛盾,所以想要退出。

虽然公司当下的发展有所好转,但还是处于亏损状态。三人希望以15万元的价格回购张玉华的股权,但张玉华坚持以3倍即45万元的价格出售。经过几次商谈,大家不欢而散。最后,张玉华只拿到几万元的回报,他本来想着赚一笔钱后退出,结果却吃了亏。

合伙人退出的原因有很多种,包括不全职参与公司的运营、辞职、被开除等。现在，很多创始人都只考虑了合伙人进入时的股权分配，而不太关注合伙人退出时的股权回购。不过，无论是股权分配还是股权回购，都有一个共同的关键点，那就是对贡献值进行衡量。

合伙人的贡献值有很多种类型，如未领取的薪酬、投入的现金、投入的物资与设备、提供的咨询顾问服务等。在衡量贡献值时，创始人可以将其分为未转移的贡献值和已经转移的贡献值。二者的价格通常是不同的，下面以股权回购为例进行说明，如表7-1所示。

表7-1 股权回购下的贡献值衡量

贡献值	未转移的贡献值	已经转移的贡献值
未领取的薪酬	8折回购	130%回购价格，以及最近一次估值的30%，取较高者
投入的现金	9折回购	130%回购价格，以及最近一次估值的30%，取较高者
未领取的完成年度任务所获得的岗位奖金	6折回购	130%回购价格，以及最近一次估值的30%，取较高者
投入的资源	6折回购	130%回购价格，以及最近一次估值的30%，取较高者

贡献点的变现性

在动态股权分配中，贡献点要有意义，更要有效果。落实到具体操作上，创始人可以对公司的重要业务和关键岗位进行适当划分，在此基础上明确贡献点。至于贡献点的数量，则需要根据公司的发展阶段来确定，而且要及时调整和增减。

贡献点必须与公司的关键成功要素和盈利息息相关，也就是要具有变现性。例如，创始人可以将"创造销售利润"设置为贡献点，而不可以将"打扫卫生"设置为贡献点。在这种情况下，成员的心思都会放到"创造销售利润"上，从而将有限的资源集中到最重要的工作上。

另外，创始人也要为贡献点设置"台阶"，以防止计算的过程太过烦琐。例如，销售利润每达到3 000元计算一次，如果销售利润是1 000元，则等到满3 000元时再进行计算。这个"台阶"就是动态股权分配的计算界限。

创始人也可以把某些差额看作"台阶"，例如，每出现5万元的差额就计算一次贡献值。张明阳之前在一家公司做销售经理，每年的薪酬大约为20万元。他自己出来创业之后，同样担任销售经理，但是，他每年只有10万元的薪酬，那么这减少的10万元就要计算在他的贡献值中。而且，根据各公司的不同计算标准，同一贡献点的计算方式可能存在差异。

对于初创公司来说，动态股权分配也解决了股权比例难以计算的问题。因为合伙人的股权比例是通过计算贡献值得出来的。例如，李鹏在公司成立后的3个月内获得了4万元的贡献值，而所有合伙人的总的贡献值为20万元。那么，按照常用的计算方法，李鹏的股权比例就是20%（4万元/20万元×100%），此时不需要考虑公司的价值到底是多少。

贡献点与计提时点

对贡献值进行衡量之后，还需要关注贡献点与计提时点。计提时点是指从什么时候开始计算贡献点的价值。以下就是详细的贡献点汇总表，包括激励对象/岗位、计算标准、计提时点、兑现方式、回购价格等重要内容，如表7-2所示。

表 7-2 贡献点汇总表

贡献点	激励对象/岗位	贡献点描述	贡献值计算标准	计提时点	合伙人退出时,贡献值回购价格	合伙人退出时,股权回购价格	兑现方式	可兑现时点
执行合伙人投入的现金	全体执行合伙人	投入现金	现金总额	投入现金时	8折回购	1.3倍回购或最近一次估值的30%,取较高者	不可兑现	不适用
非执行合伙人投入的现金	全体执行合伙人	投入现金	现金总额	投入现金时	8折回购	1.3倍回购或最近一次估值的30%,取较高者	不可兑现	不适用
全职合伙人未领取的薪酬	全体全职合伙人	未领取的薪酬总额	薪酬水平与实际领取薪酬之差;合伙人可以根据自身的薪酬水平修改实际领取薪酬的标准	发放薪酬时	8折回购	1.3倍回购或最近一次估值的30%,取较高者	不可兑现	不适用
物资与设备	全体合伙人	投入物资与设备	购买或租用,参照市价	投入物资与设备时	6折回购	1.3倍回购或最近一次估值的30%,取较高者	不可兑现	不适用
商标权	全体合伙人	投入商标	没有知名度:注册成本;有一定知名度:参考以前的投入及闲置的时间,团队协商评估;也可以按照销量计算"商标使用费"	投入商标时	6折回购	1.3倍回购或最近一次估值的30%,取较高者	不可兑现	不适用

（续表）

贡献点	激励对象/岗位	贡献点描述	贡献值计算标准	计提时点	合伙人退出时，贡献值回购价格	合伙人退出时，股权回购价格	兑现方式	可兑现时点
著作权	全体合伙人	投入著作权	以版税的方式计算贡献值	相关产品产生销售后，每月底计提	6折回购	1.3倍回购或最近一次估值的30%，取较高者	可以全部兑现、部分兑现或累积贡献值	每月底
技术（包括专利和非专利）	全体合伙人	投入技术	技术需要完成转移，并且能够脱离发明人产生效益；团队共同评估技术给公司带来的价值	技术完成转移时	4折回购	1.3倍回购或最近一次估值的30%，取较高者	不可兑现	不适用
促成销售	全体合伙人	促成销售	销售额的2%	实现销售并收回销售款项时	8折回购	1.3倍回购或最近一次估值的30%，取较高者	可以全部兑现、部分兑现或累积贡献值	促成销售后一周内
办公场所	全体合伙人	提供办公场所	市场租金水平	每月底计提	7折回购	1.3倍回购或最近一次估值的30%，取较高者	不可兑现	不适用
提供咨询顾问服务	外部的顾问合伙人	利用自己的专业知识为公司提供咨询顾问服务	参考其提供服务的市场价格，双方协商制定	服务已经提供完成	6折回购	1.3倍回购或最近一次估值的30%，取较高者	不可兑现	不适用

（续表）

贡献点	激励对象/岗位	贡献点描述	贡献值计算标准	计提时点	合伙人退出时，贡献值回购价格	合伙人退出时，股权回购价格	兑现方式	可兑现时点
以个人的资产为公司担保	全体合伙人	利用个人的资产或信用为公司的债务担保	担保的市场价格	签订担保合同后	7折回购	1.3倍回购或最近一次估值的30%，取较高者	不可兑现	不适用
带领团队走向下一个里程碑	CEO	CEO带领团队走向下一个里程碑	10 000元	走向下一个里程碑	8折回购	1.3倍回购或最近一次估值的30%，取较高者	可以全部兑现、部分兑现或累积贡献值	走向下一个里程碑
融资成功	全体合伙人	对融资有贡献的人，由CEO按照每个人的贡献分配	融资总额的千分之一	融资款项到账	5折回购	1.3倍回购或最近一次估值的30%，取较高者	可以全部兑现、部分兑现或累积贡献值	融资款项到账
营销	CMO	制定了完善的营销战略	销售额的千分之一	走向下一个里程碑	1折回购	1.3倍回购或最近一次估值的30%，取较高者	不可兑现	不适用
财务管理	CFO	负责公司的财务预算和规划	净利润的5%	走向下一个里程碑	1折回购	1.3倍回购或最近一次估值的30%，取较高者	不可兑现	不适用
技术管理	CTO	负责IT系统和网上平台	比预算时间提前完成开发，节省的成本的10%	完成下一个版本的开发	1折回购	1.3倍回购或最近一次估值的30%，取较高者	不可兑现	不适用

在公司中，贡献值决定合伙人可以获得的回报和收益，而计提时点则为此提供了一个具体的时间。动态股权分配实现了"一视同仁"，可以公平地对待所有合伙人，当然也包括管理者和领导者。

第 8 章

新型激励法则：动态股权激励模型

股权激励是很多公司常用的激励方式。但是，如果创始人直接将股权分配给部分员工，就很容易因分配不公引起内部矛盾。这样不仅不能起到激励作用，还会影响公司的稳定性。所以，创始人要采用动态股权激励模型，按业绩分配，让股权可以确实达到激励作用。

8.1　必备的动态股权激励模型

创始人想重新制定股权激励规则，就需要先了解动态股权激励模型的相关知识，包括它的定义、功能与效果，以及优缺点。

何为动态股权激励模型

动态股权激励模型是指在明确每一位员工享有的初始股权比例的基础上，对其负责的工作给公司带来的贡献超过其初始股权的部分进行股权激励。这是一种按资分配与按贡献分配相结合的股权分配方法。这种股权分配方法每年根据所有员工当年的贡献重新计算一次分配比例，直接反映员工当年的业绩，不延续到下一年。

动态股权激励模型的股权分配方案是一种基于现有岗位和业绩等因素实现的公平分配方式，它兼顾人性化、效率与公平的管理理念，能更有效地解决如何实现股权动态化，如何将绩效因素融入股权分配方案中，如何实现不同职级、不同员工职务的动态交替等问题。

动态股权激励模型的功能与效果

动态股权激励模型有以下三个功能。

（1）基本功能

动态股权激励模型可以改善大部分涉及分配的问题，包括收益资源的分配，如股权分红、工资奖金分配、福利分配及承担责任的分配等。

（2）核心功能

动态股权激励模型可以改善因股权或岗位等因素过于固化而导致的缺乏弹性激励效果的问题。

（3）扩展功能

动态股权激励模型可以实施动态化的岗位管理。创始人可以将一定的股权比例与岗位挂钩，然后利用上述动态股权激励模型的基本功能与核心功能，形成从收入到股权、从股权到岗位的动态管理机制，产生比传统人力资源管理更大的激励效果。

动态股权激励模型的应用有以下三个效果，如图8-1所示。

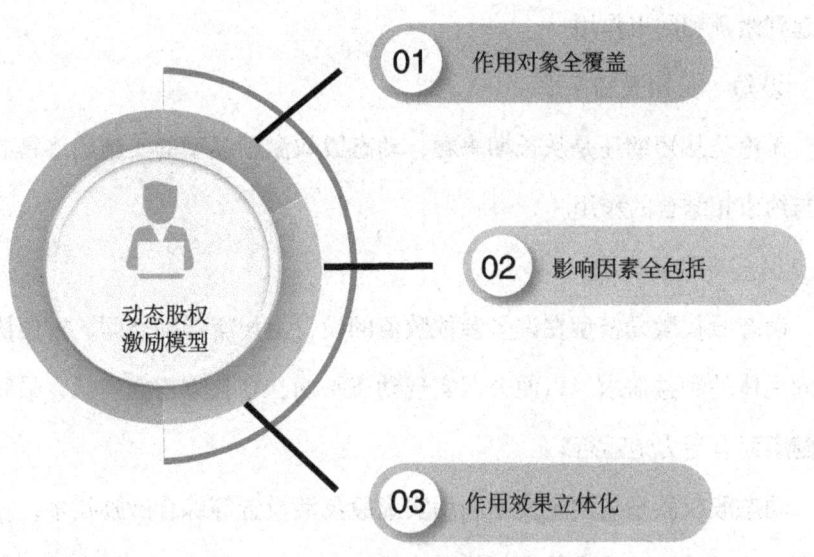

图 8-1 动态股权激励模型的三个应用效果

（1）作用对象全覆盖

动态股权激励模型面向所有类型的组织，无论是企业还是其他组织，无论是否实行股权激励制度，都可以应用动态股权激励模型。另外，动态股权激励模型对各类组织中的所有成员都能有效适用。

（2）影响因素全包括

动态股权激励模型涉及人力资源管理的三个重要因素，分别是分配、股权、职务职级。从涉及的因素看，凡是管理学理论中能对员工起到激励作用的物质与非物质因素都涵盖在动态股权激励模型中。当然，创始人还要建立一个创新的计分系统作为应用动态股权激励模型的前提。

（3）作用效果立体化

① 激励与约束相结合

动态股权激励模型无论对收益分配、股权分配还是职级调整，都能同时起到激励和约束作用。

②短、长期激励并举

无论是从短期还是从长期来看，动态股权激励模型的实施始终具有激励与约束相结合的作用。

③多方利益兼顾

动态股权激励模型在许多参数数值的设置上设有浮动空间，方便协调不同主体的利益需求，以便公司实现动态平衡，令各方均能满意，最终实现健康而有活力地运行。

动态股权激励模型主要是利用实虚股灵活设置等综合激励技术，在科学性、公平性及有效性等方面均具有优势，是现阶段各公司最合适的激励和约束优秀人才的管理方案。

动态股权激励模型的优劣分析

动态股权激励模型的优点是解决了传统按股分红因不和员工业绩挂钩而激励效果不佳的问题。因为传统按股分红不是对所有员工的激励，而是针对特定人群的一种待遇，这种方式不能让公司中的每个人都尽力工作。

即使是股东，如果其业绩不能很好地与收益挂钩，他也很难得到激励。但是，如果有一个方案让他可以干得越多，分得越多，想必他肯定不会拒绝。

因此，引入动态股权激励模型的优势体现在以下几方面。

第一，动态股权激励模型将按资分配和按绩效分配两种截然不同的分配方式统筹在同一模型中，克服了传统分配方式中贡献股调节不足的问题，有很强的可操作性。

第二，动态股权激励模型通过股东未分配利润的动态增加，使原股权结构自动发生动态变化。而且，这种变化与个人当期业绩情况的好坏相对应，能更好地提升股权的动态性和效率。

第三，动态股权激励模型的适用面广，兼容性强，可应用于各种激励方式中。动态股权激励模型以业绩为导向，在原有激励方法不变的前提下，对各类组织（如股份制和非股份制公司等）的各种分配方式（如工资、奖金、津贴等）都能起到改善作用，使其激励效果更佳。

然而，动态股权激励模型也存在一定的局限性。在知识经济发展兴盛的今天，动态股权激励模型改进的只是传统股权分配方式中按股分配的弊端，它虽有助于公司对各类人才进行更合理的激励，但不能根治管理层信息作假等不道德行为。

对于产业多元化的公司而言，信息资源的内外监控制度始终是激励措施发挥作用的保障。此外，在动态股权激励模型中，有关业绩的定义是指那些能被量化的以货币为单位的经济指标，而不是对绩效的一般定义。有关项目的定义则是指那些细分到最小的项目，且不可以被重复计算。因此，动态股权激励模型更适合对单个具体项目进行分割和操作，而那些层级较多、管理层普遍参股的大公司适用起来还需要进一步加以研究。

股权激励纠纷案件解读：富安娜

富安娜家居用品股份有限公司（以下简称"富安娜"）创立于1994年，是一家先进的集设计、生产、营销、物流于一体的综合性家纺公司。2007

年，富安娜制定"限制性股票激励计划"，激励下属子公司的董事、高级管理人员及业务骨干，希望借此留住优秀人才。

公司与拿到股票的高管们签署了《承诺函》，约定"自签署之日起到公司上市后三年内，不向公司提出辞职，不连续旷工超过七日，不会侵占公司财产导致公司利益受损，若违反承诺，自愿承担违约赔偿责任"。

可转年，部分拿到股票的高管就先后向公司提出辞职，并跳槽到了富安娜的竞争对手水星家纺。2009年，富安娜上市后对这些股东就违约金一事提起诉讼，要求判这些股东赔偿巨额违约金。最终，富安娜胜诉，累计获得赔偿8 121.67万元。

富安娜的股权激励纠纷案源于富安娜的股权激励方案设计失误。如果富安娜提前加入退出机制和沟通机制，也许可以避免后期与股东对簿公堂。

股权激励的退出机制分为被动退出和主动退出。被动退出是指激励对象因一些情形导致权利丧失，如无过错退出、一般过错退出、重大过错退出。

如果激励对象因退休或丧失劳动能力而离职，属于无过错退出。

激励对象因不符合公司的要求而被辞退或因自身原因而离职，属于一般过错退出。

激励对象严重违反法律或公司章程；从事违法行为，且受到刑事处罚；有不忠于公司的行为，如辞职并受雇于竞争对手公司、从公司的关联交易中获得利益等；违反自身与公司之间的任何协议，均属于重大过错退出。

总之，针对不同的退出情形，公司对股权激励方案的处理方式也应不同，包括股权是否回购、回购期限、回购价格及赔偿问题等。

除了被动退出，还有主动退出的情形。创始人在设计股权激励方案时一定要考虑这种情形，否则会影响激励的有效性。主动退出需要激励对象自己处分股权。每家公司的具体情况不一样，主动退出的通道也不同：有些公司的退出通道是上市，有些公司的退出通道是并购。无论如何，创始人设置的退出条件都要考虑到公司和激励对象的实际情况。

除此之外，为了满足激励的目的，创始人还要考虑激励对象的需求。商业的本质在于交换，交换需要建立在需求之上。所以，创始人在设计股权激励方案时一定要让员工参与，多与员工沟通，听取他们的意见。另外，创始人还要对激励对象进行理念宣传，例如，解释为什么离职股权需要回购等。

8.2 如何让动态股权激励模型顺利落地

创始人想让动态股权激励模型顺利落地，必须先熟悉动态股权激励模型的原理及其适用范围，以此为基础才能设计出合理的股权分配方案。

原理分析：斯塔西·亚当斯的公平理论

公平理论又名为社会比较理论，它是美国行为科学家斯塔西·亚当斯在《工人关于工资不公平的内心冲突同其生产率的关系》《工资不公平对工作质量的影响》《社会交换中的不公平》等著作中提出的一种激励理论。该理论主要为了解决工资报酬分配的合理性以及提升职工生产积极性的问题。

这个理论的基本观点是一个人取得报酬后不仅会关心所得报酬的绝对量，还会关心所得报酬的相对量。因此，他会进行种种比较，以确定自己的报酬是否合理，这个结果会直接影响他今后工作的积极性。

（1）横向比较

横向比较是指一个人将自己获得的报酬（如金钱、赏识等）与自己的付出（如所作努力、工作的时间、其他形式的损耗等）的比值与组织内其他人进行比较，只有比较结果为相等时，他才会觉得公平。可以用公式来表示："$Op／Ip＝Oc／Ic$"。

Op：自己对个人报酬的感觉；

Oc：自己对他人报酬的感觉；

Ip：自己对个人付出的感觉；

Ic：自己对他人付出的感觉。

当上式不相等时，会出现以下两种情况。

① $Op／Ip＜Oc／Ic$

在这种情况下，这个人可能会要求增加报酬或减少自己的努力，以便让两方趋于相等；或者这个人可能会要求组织减少比较对象的收入或增加对方的努力，以便让双方趋于相等，达到心理上的平衡。

② $Op／Ip＞Oc／Ic$

在这种情况下，这个人可能会要求减少报酬或自动多承担工作。但时间一长，他会重新比较自己的工作情况，当他觉得自己确实应得到这么高的待遇时，他的产量就又会回到过去的水平。

（2）纵向比较

除了横向比较以外，人们也经常做纵向比较。纵向比较是指一个人把自己目前的努力与所获报酬的比值，同自己过去的努力与所获报酬的比值进行比较，只有比较结果为相等时，他才会觉得公平。可以用公式来表示："Op／Ip＝Oh／Ih"。

Op：自己对现在报酬的感觉；

Oh：自己对过去报酬的感觉；

Ip：自己对现在付出的感觉；

Ih：自己对过去付出的感觉。

当上式不相等时，会出现以下两种情况。

① Op／Ip＜Oh／Ih

在这种情况下，这个人会产生不公平的感觉，进而导致其工作积极性下降。

② Op／Ip＞Oh／Ih

在这种情况下，这个人不会产生不公平的感觉，但不会因为多拿了报酬而主动多承担工作。

这就是涨工资和发奖金的区别，前者更适合留人，而后者更适合激励员工加大投入。

很多时候，不公平感的产生是因为一个人认为自己目前的报酬过低；或者在少数情况下，一个人认为自己的报酬过高也会产生不公平感。公平理论对广大创始人有着以下重要的启示。

第一，影响激励效果的不仅是报酬的绝对值，还有报酬的相对值。

第二，创始人在激励时应力求公平，使等式左右两边相等，尽管一定会存在主观判断的偏差，但要尽力避免产生严重的不公平感。

第三，创始人在激励过程中应注意引导被激励者的心理，让其树立正确的公平观：一是意识到绝对公平并不存在；二是避免盲目攀比；三是避免按酬付劳。

为了避免员工产生不公平感，公司往往会采取各种措施，在内部营造公平合理的气氛，使员工产生主观上的公平感。例如，有些公司采取工资保密的办法，使员工互不知道彼此的收支比率，以避免员工互相比较。

动态股权激励模型的适用范围

动态股权激励模型不是单独被提出的，它是建立在传统股权分配方式上的分配模型，是一种对传统的改良。因此，动态股权激励模型有其存在的广泛意义。它不仅适用于股份制企业，还适用于合伙企业、个体企业等小公司；不仅适用于对公司经理人的考核和激励，还适用于对公司其他人员的激励，如技术人员、营销人员等。

例如，海尔为了鼓励其技术开发人员创新技术，给其技术人员设置的工资并不高，但技术人员可以从新产品的销售利润中获得10%的提成。如果某产品的销售利润有几千万元，那么研制产品的技术人员或小组就可以获得几百万元的收入。这种利润共享的方式极大地提升了海尔的技术水平。因此，在海尔每年推出的新产品中有数百项新技术，其集团内的百万富翁也有数百人，很多人都是一线技术人员或营销经理，并且这个数字还在不断增长。

海尔的这种做法被很多公司借鉴。这种利润提成的方式与动态股权激励模型有异曲同工之处，都是让员工通过工作业绩参与公司利润的分享，以达到员工和公司双赢的目的。

那么，动态股权激励模型的适用范围有哪些呢？

第一，动态股权激励模型能对现有的人力管理、薪酬管理设计中存在的激励缺陷加以修正和完善。

第二，动态股权激励模型适用于各种股权激励设计方案，对公司现有的激励方案有提升效果。

第三，动态股权激励模型可以自成体系，能广泛应用于任何所有制类型的企业和单位。

第四，动态股权激励模型不仅适用于收入分配，还适用于一切涉及资源分配的活动。

由此可见，动态股权激励模型不仅是理论上的创新，更具有极强的实践价值和广阔的应用空间。

8.3 动态股权激励模型的算法

创始人在设计动态股权方案时，根据动态股权激励模型计算股权数量的方式共有三种：一是计算初始岗位股权；二是计算贡献股权；三是计算当期绩效股权。

初始岗位股权的算法

初始岗位股权有以下两种算法。

算法1：只计算不同项目对应的岗位价值。

算法2：不同项目对应的岗位价值乘以岗位股放大倍数。

（1）基本工资分配

初始岗位股 = 岗位年度总工资 × 基本工资占总工资的比例 × 浮动性基本工资占基本工资的比例 × 岗位股放大倍数

（2）基础性绩效工资分配

初始岗位股 = 岗位年度总工资 × 绩效工资占总工资的比例 × 基础绩效工资占绩效工资的比例 × 岗位股放大倍数

（3）分享工资分配

初始岗位股 = 岗位年度总工资 × 分享工资占总工资的比例 × 岗位股放大倍数

初始岗位股 = 岗位年度总工资 × 岗位股放大倍数

（4）年度调薪额度分配

初始岗位股 = 岗位年度总工资标准

（5）股权分配

初始岗位股 = 岗位年度总工资 × 岗位股放大倍数

（6）股权的动态管理

初始岗位股 = 初始股权数量 × 岗位股放大倍数

（7）红利分配

初始岗位股 = 第1期分配红利数额 × 岗位股放大倍数

(8)民主管理权分配

初始岗位股＝岗位预定投票数 × 岗位股放大倍数

贡献股权的算法

贡献股权有以下两种算法。

算法1：

某员工每期能获得的贡献股＝贡献股总额 × 动态分配率

每期发行的贡献股总额＝（期初动态股总额 × 1／期数）× 经济增加值变动系数

经济增加值变动系数＝当期经济增加值／基期经济增加值

算法2：

$$员工每期获得的贡献股 = \frac{员工该项目每期应获分配额 × 预定转增率（\%）}{贡献股单位面值}$$

当期绩效股权的算法

计算当期绩效股权是指对当期价值绩效进行量化，根据适用对象不同可分成以下三种。

算法1适用于股权等可分配资源的分配：当期绩效股＝当期价值绩效。

算法2适用于互助保障等可分配资源的分配：当期绩效股＝（爱心岗位预定捐款 × 临时捐款浮动系数）／虚拟股份单位面值。

算法3适用于除了股权、互助保障之外其他可分配资源的分配：当期绩效股＝当期价值绩效／虚拟股份的单位面值。

（1）价值绩效计算公式

价值绩效 = 基数（价值）× 系数（绩效系数）

关于绩效系数的说明有以下三点。

第一，绩效系数可以是岗位绩效系数，也可以是综合绩效系数。

第二，可根据相关绩效指标的绩效系数直接计算，也可以用各绩效指标的实际工作量除以额定工作量得到绩效系数，最后把各绩效系数乘以各自的权重，计算出总的绩效系数。

第三，如果要计算某时间段内的平均绩效系数，则当绩效系数为正数时，可用算术平均、加权平均、几何平均等方法计算；如果绩效系数为负数，则只能用算术平均法计算。

（2）计算价值绩效

价值绩效是一种价值要素，是各种可分配资源分配时的参考依据之一。在分配不同资源时，价值绩效"基数"的内涵不同。

① 基本工资分配

价值绩效 = 基本工资 × 可浮动的基本工资占比 × 等级绩效系数

② 绩效工资分配

价值绩效 = 绩效工资 × 绩效系数

岗位绩效系数 = 关键绩效系数 × 权重1 + 基础绩效系数 × 权重2

关联绩效系数 = 企业系数 × 权重1 + 部门系数 × 权重2 + 上级系数 × 权重3 + 同级系数 × 权重4 + 下级系数 × 权重5 + 客户满意系数 × 权重6

综合绩效系数 = 岗位绩效系数 × 权重1 + 关联绩效系数 × 权重2

③ 分享工资分配

价值绩效 = 岗位年度总工资 × 分享工资占总工资的比例 × 绩效系数

价值绩效 = 岗位年度总工资 × 绩效系数

④ 年度调薪额度分配

价值绩效 = 岗位年度总工资 × 绩效系数

⑤ 股权分配

价值绩效 = 岗位年度总工资 × 绩效系数

⑥ 股权的动态管理

价值绩效 = 初始股权数量或本期期初股权数量 × 绩效系数

⑦ 红利分配

价值绩效 = 本期按实股分配可得的红利 × 绩效系数

⑧ 民主管理权分配

价值绩效 = 岗位初始投票权或当期期初投票权 × 绩效系数

互联网公司的动态股权激励方案

随着互联网的不断发展，越来越多的新兴互联网公司在市场中出现，它们因体量小、资金不宽裕等问题喜欢用股权激励的方式留住人才。下面介绍笔者团队为一家互联网公司构建的动态股权激励方案。

一家互联网公司，算上 3 位创始人，一共有 12 名员工。公司因经营发展的需要决定进行股权激励，具体方案如下。

第一，为了让控制权掌握在创始团队手中，公司决定采用干股激励模式，即利用股权的分红权进行激励。

第二，目前公司3位创始人的股权分配比例是80%∶10%∶10%，公司股数为100万股，计划拿出17万股用于激励。

第三，具体分配方案为除了3位创始人以外，剩余9人各1万股，剩余的8万股作为预留股权池，用于激励未来的员工。

第四，公司的分红规则为每年净利润的60%作为发展基金、40%作为股东分红。

与生产型公司不同，互联网公司属于知识密集型，人才个体的重要程度高于生产型公司。所以，这样的公司一般会让员工持股。在互联网公司，大量员工持股甚至全员持股都是比较常见的。尤其是创业型公司，资金压力比较大，很难给出高薪资待遇。为了留住人才，股权激励就是非常有效的工具。

在上述案例中，这家互联网公司只有12人，规模不大，应该只有核心部门，没有人力资源部、行政部等职能部门。如果是这样，从公司发展的角度来看，全员持股是没有问题的。但如果公司还有非关键岗位，如文员等，则没有必要让全员持股。

为了掌握住公司的控制权，很多公司创始人纷纷采取干股激励的方式。上述案例中的公司创始人也实行了干股激励。那么，干股激励有哪些优势呢？

第一，只有分红权，没有其他权利。

第二，不用变更公司章程。

第三，离职自动失效。

第四，每年分红，具有优秀的激励效果。

但是，干股激励也有一些不足之处。

第一，每年分红，对公司现金流压力较大。

第二，激励时效短，员工可能在分红后集中离职。

第三，员工与公司只能共享利益，无法共担责任。

第四，如果没有其他设计，员工很难有股东的感觉，无法调动员工的自主性。

在上述案例中，公司采用了股数的概念，比用百分比表示更容易操作。如果仅用干股激励，不会涉及每股价值的问题。但创始人要注意，如果公司选择其他股权激励模式，因涉及增值权的问题，还要明确公布公司股价的相关制度。

案例中的公司还设计了预留股权池。股权池作为股权架构设计的一部分，提前预留是很有必要的，这是为了避免未来增加股东后再修改股权架构的麻烦。但创始人要注意，这个预留股权池是用于激励未来的优秀员工的，不是留给投资人的。因为投资人进入一般会选择增资扩股模式，而不是原股东转让股权。

在上述案例中，除了3位创始人，9位员工每人1万股，这样看似公平合理，但经营公司讲究的不仅是公平，而且是产生更大的利润。所以，创始人在给予员工股权激励时要视员工的职级、个人能力等情况而定，务必让贡献多者获得的回报大。

公司在分红时一般会提取相关基金，如公司发展基金、员工保障基金等。在上述案例中，每年净利润的60%被提取出来用作公司的发展基金，剩下40%用于分红。这种分配方式是否合理，还要看公司未来的发展是否需要大量资金，以及每个员工能拿到多少分红，是否激励过度或激励不足。

因此,创始人可以将年终分红与年终考评相结合。例如,年终考评 90 分以上者,可享受个人股数 100% 的分红;年终考评 80~90 分者,可享受个人股数 70% 的分红;年终考评 70~80 分者,可享受个人股数 50% 的分红;年终考评 70 分以下者,不享受分红。

对于一家公司而言,股权激励非常关键,创始团队需要谨慎处理。虽然大的股权激励框架模式好制定,但其内在的细节非常多,需要创始人系统学习了解。另外,股权激励的背后还需要有合理的股权设计及规范的管理。在实行股权激励后,创始人更要重视股东会的规则,这样才能让公司上下一心同体、遵守规则。

第 6 章
进入与退出方案规划：打造开放的团队

好的股权设计方案离不开配套的退出机制。提前约定好退出机制，有助于约束合伙人的行为，降低合伙人退出给公司带来的影响，减少内部矛盾的出现，对于维护公司稳定、促进公司长远发展都有重要意义。

9.1　吸收新合伙人：为团队增添活力

公司随着发展会产生不同的资源需求，这时创始人就要为公司引入新的合伙人，让新的人才为团队增添活力。

将内部员工升级为合伙人

A 和 B 合伙创办了一家公司，专门从事热水泵的生产销售。后来，业务一直拓展到国外，并处于行业领先地位。公司发展壮大后，两位创始人却遇到了一个令人头痛的问题。

公司的一名销售高管突然离职去创业，而当时公司 80% 的销售业务都掌握在这名高管手中。这名高管带走了公司的很多大客户，让公司不仅损失惨重，还在市场上多了一个强有力的竞争对手。

经历了这件事后，A和B开始思考如何避免重蹈覆辙，希望笔者团队制定一套方案，想办法把剩下的高管团结起来，提升他们的稳定性。于是，笔者团队根据公司的具体情况设计了公司内部裂变式创业的模式，将内部员工升级为合伙人。

（1）把员工变成合伙人

这家公司的产品线中有一个重要配件——钛管换热器，公司可以自己生产。笔者团队建议A和B以此为契机，让公司的股东和高管共同出资成立新公司，将高管变成合伙人。新公司成立的第一年，经理因有了大股东的身份而加倍努力工作，提前一年研制出了新产品，并且当年纯利润超过了100万元，让股东当年就收回了投资成本。这个成绩让员工对公司的信心大增，刺激了裂变式创业的发展。

（2）选出德才兼备的经理

A和B在公司内部的创业大赛增加了一个投票环节，为新项目选出德才兼备的经理。选票上有以下三行字：你选谁？投他多少钱？签名。

具体的评选方法如下。

① 每人只能投一票，投资额度的上限依职级而定。

② 选票上的金额如不兑现，处以上一年收入20%的罚款。

③ 竞选人要说明个人需要的投资额度，项目带头人自己必须投资。

④ 获得投资额多者获胜。

这张选票背后的逻辑是什么呢？用钱投票可以避免贿选和拉票，打破了论资排辈的陋习，而且绑定了骨干员工和新公司的利益。这样大家在投票时,第一会考虑人品,即道德水平;第二会考虑经营能力。这样选出来的人兼具德和才,对公司的发展确实有促进作用。

(3)让出最大收益权

该公司在发展员工合伙人上有一个核心原则,即让出最大利益激励新公司的团队。该公司的两位创始人控股新公司,给予团队成员足够的收益权。新公司的团队成员必须掏钱参股,这样他们才会像真正的创业者,自发地做好新公司。在分红模式上,公司采取股权与收益权分离的模式,用足够的收益权补足新公司团队的股权。

内部裂变式创业的模式让该公司迅速发展。因为这个模式将激励效果做到了极致,不仅绑定高管和公司,让其成为公司的合伙人,还提升了公司的创造力,使公司形成了自己独特的、超速赢利的商业模式,创造了无边界的平台化公司发展之路。

如何找到合适的技术型合伙人

如今许多创业公司都属于知识密集型企业,人才的作用不言而喻,技术型合伙人更是成了创业团队中最稀缺的角色。特别是在由非技术人员发起的项目中,一个有经验的技术型合伙人可以帮助团队把想法变成产品,实现从0到1的突破。

《乔布斯传》介绍了在苹果公司成立前,乔布斯邀请技术人才沃兹尼亚克成为合伙人的艰难历程。即使乔布斯与沃兹尼亚克是多年好友,而且乔布斯已经显示了自己非凡的商业智慧,却仍然用了很长时间才说服沃兹尼亚克全心全意参与创业。

为什么寻找技术型合伙人这么难呢？因为技术人员的思维具有超强的理性，很难轻易被创始人充满感性的创业梦想感染。他们有自己的思维逻辑，会根据自己的分析做出判断。但大多数初创项目只是纸上谈兵，没有实际的数据，所以对于技术人员来说，很多创业设想是缺乏依据的。

因为理性，技术人员大多容不得瑕疵。如果创始人对技术一窍不通，把技术难度想得过低，给出的承诺又明显过于夸张，那么技术人员可能会怀疑创始人的人品，甚至怀疑整个项目的可行性。另外，有经验的技术人员通常不愿意轻易跳槽，因为跳槽就意味着自己需要重新熟悉一套新的架构及代码，和一些新同事合作，而创始人能给出的回报仅是一些虚无缥缈的股权。

除此之外，很多技术人员可能会认为在创业公司做初级产品不一定能提升自己的技术；而且由于创业公司的人员较少，自己也很难有机会带一个优秀的团队。所以，一旦创业失败，技术人员就会损失一两年甚至更长时间，而这对于自己的职业发展没有任何帮助。

找到优秀的技术人员一起创业是一件可遇不可求的事。但是，难道只有遇到了合适的技术型合伙人才能开始创业吗？并不是。创始人可以主动出击，帮助初创团队找到技术型合伙人。

（1）"死磕"目标技术型合伙人

如果创始人有明确的目标技术型合伙人，且非他不可，那么只有"死磕"到底，用诚意打动他。例如，创始人可以邀请他进行兼职合作，建立双方的信任基础，并反复邀约，隔几天便深聊一次，拿出万分诚意打动他，也许能最终得偿所愿。

（2）"撒网"潜在技术型合伙人

如果创始人没有具体的目标，只是需要一个技术型合伙人，那么不妨多关注一些技术人员聚集的平台，多约谈。毕竟也有些技术人员可能有创业想法，希望进入初创公司一展身手。但这种方式的缺点是双方缺乏信任。所以，创始人要尽量将项目原本的情况告知对方，让对方看到自己的坦诚，这样说服对方加入公司的可能性会更高。

（3）只要技术，不要合伙人

如果公司的初期产品的开发难度不大，需要的技术人员不多，对技术水平的要求不高，那么创始人可以用招聘的方式引入技术人才，而暂时不引入技术型合伙人。为了降低成本，创始人可以从中选取有能力的技术人员给予一定的股权，然后根据其工作表现逐步兑现。

（4）慎用技术外包

如果公司需要在短期内开发出产品，而且需要由多个技术人员合作完成，如网站开发、App开发等，那么如果公司的资金充裕，创始人可以采用技术外包的形式。但不是所有项目都适合这个模式，因为技术外包需要产品需求明确，而且需求一旦确定就很难再修改。所以，创始人一定要慎重使用技术外包，除非团队中有一名能够准确定义产品的产品经理。

（5）吸引技术创投团队

技术创投团队以技术入股，不需要创始人投入大量费用，而且合作方式更灵活，甚至能主动帮助创业团队优化和完善产品。技术创投团队作为一种投资人，创始人需要像吸引投资人一样，用商业计划书打动这样的团队，让他们用技术投资自己的项目。

此外，在没有技术型合伙人的情况下，创始团队至少要有一个人懂产品，能够分析产品需求并设计大致的产品原型；能够识别公司需要什么技术；能够评估开发难度和开发周期；懂得对接技术人员；能够参与产品测试。这样一个能全程参与并跟踪项目开发过程的人，对于公司初步的产品开发非常重要。

非技术人员发起的项目可能技术难度不高，那么创始人应避免在初期进行太多的技术创新，而要尽量采用现有的产品开发模式。这样即使找不到合适的技术型合伙人，也能用较低的成本完成产品的开发。

一个创业项目要想成功，技术、产品、运营等各个岗位都要有优秀的人才。对于大部分非技术驱动的项目，其他角色的重要性可能都不弱于技术人员。如果仅因为最先引入技术型合伙人就给予其过多的股权，那么公司在后期引入其他合伙人时可能会遇到困难。因此，对于不出资、只负责技术的合伙人，创始人给予的股权最好不要超过15%，以便为后期调整留有余地。

即使创始人能让出10%以上的股权，很多技术型合伙人还是会谈薪资，而很少有能免薪加入的。这源于技术人员的理性思维，对于他们来说，接受降薪创业已经是极大的让步，免薪加入的风险未免太高了。因此，为了公司的利益和稳定，创始人最好将股权分期逐步兑现。

9.2 引入外部投资者：让"蛋糕"变大

当公司发展到一定时期或准备上市时，创始人就要开始着手引入外部投资者，将"蛋糕"变大，提升公司的赢利能力。

为融资预留股权

很多创始人在设计股权方案时喜欢预留一部分股权，用于后续的人力和资金的进入。但是，预留股权也要视情况而定。预留股权体现的是一种封闭的思维，它认为股权就像一个饼会越切越少，如果不预留，等到新股东进入时就要降低其他人的持股比例。但股权也能是一个开放的概念，可以越增越多。

另外，在公司创立初期，谁也不知道它什么时候需要融资，也不知道融资时需要释放多少股权。也就是说，股权始终是变化的，预留的股权可能一直用不出去，也可能不够用，还需要调整。

除此之外，公司在登记时不能预留股权，所以预留的股权只能登记到某位创始人名下，让其代持。这部分股权附属的分红权、表决权等都需要另做规定，不然很容易出现公司控制权旁落等风险。

当然，预留股权也有好处，它可以让新股东进入时不用重新分配股权比例，操作容易且不易引发内部矛盾。

因此，如果创始人在短时间内有引入投资人的需要（半年或一年），最好预留一部分股权（20%左右）。如果创始人也不知道什么时候引入外部投资人，可以不预留股权，到时采用增资扩股的方式，要多少，增多少。

你的公司需要引入外部投资人吗

创始人在引入外部投资人之前，需要先弄清楚公司是否需要引入外部投资人。现在,很多创业者看到其他公司在资本的助推下快速成长,如美团、携程等,市值在几年的时间就增长到几十亿甚至上百亿元。这给不少创业者造成了创业就一定要融资的错觉。

其实,很多人没有想明白外部投资人进入后带来的好处和弊端。对于那些初创公司而言,创始人确实需要有足够多的资金研发产品、抢占市场、夺取市场份额。但资本毕竟是贪婪的,如果创始人在没有考虑好公司是否需要资本介入或没有足够的能力处理和资本的关系时盲目引入外部投资人,很可能造成公司的失控,甚至加速公司的死亡。

(1)引入外部投资人的优势

① 有利于扩大生产经营

需要引入外部投资人的公司往往正处于快速成长期或面临上市,资金需求较大。这时公司现有的资金已经不能满足业务扩张的需求了,所以需要引入外部投资人。在这种情况下,合理稀释持股比例或转让老股,引入外部投资人,既能解决公司的资金困境,又不用因银行贷款过多而导致公司的负债率上升,使公司能把握市场机会,快速发展壮大。

② 有利于寻求战略合作伙伴

公司引入外部投资人,除了考虑资金以外,还要考虑投资人是否具备行业资源。有些优质的外部投资人除了能给予公司资金支持,还能帮助公司介绍上、下游的供应商及客户,为公司的发展助力。

③ 有利于完善治理结构

在公司的规模较小时,股东一般是内部人员,如管理层、技术骨干等,董事会基本也是大股东提名产生。随着公司规模的扩大,无论从公司科学管理的角度,还是从公司规范运作的角度出发,公司都应建立健全内部结构。外部投资人的加入能为公司的决策层带来不一样的声音，避免出现"一言堂"的情况。

（2）引入外部投资人需要注意什么

① 尽职调查

投资人在决定向公司投资之前，通常会对公司进行尽职调查，具体内容包括业务、财务、创始团队等方面。公司在接受尽职调查前需要与投资人签订保密协议，规定保密责任范围和期限，防止公司机密被泄露。

② 估值谈判

估值谈判是引入外部投资人最重要的一个环节。每家公司都希望得到高估值，但估值并非越高越好。首先，如果公司对自身的估值期望不实际，可能会影响投资人的意愿，导致交易无法达成；其次，如果创始人对公司估值的期望过高，投资人可能会借机提出其他条件，如签订对赌协议等，容易给公司的发展留下隐患，甚至成为公司上市的障碍；最后，公司估值过高，可能会增加后续融资的难度。因此，创始人应结合市场经济形势、行业发展趋势及公司实际状况对估值做出合理的判断。

③ 签署投资协议

在签署投资协议时，创始人除了要注意定价估值条款以外，还要注意协议中是否存在一些特殊条款，如优先认购、共同出售、反摊薄、对赌协议等。这些条款可能影响公司后续的经营发展。

增资扩股

增资扩股是一种通过稀释股权比例增加外部资金的方式，它可以让公司在飞速发展期获得资金，提升经营业绩，还不用分割原有股东的股权，一般是引入外部投资者的首选。常见的增资扩股渠道有以下三种。

（1）公司未分配利润、公积金

《公司法》第三十四条规定："股东按照实缴的出资比例分取红利；公司新增资本时，股东有权优先按照实缴的出资比例认缴出资。但是，全体股东约定不按照出资比例分取红利或者不按照出资比例优先认缴出资的除外。"

《公司法》第一百六十六条规定："公司分配当年税后利润时，应当提取利润的百分之十列入公司法定公积金。公司法定公积金累计额为公司注册资本的百分之五十以上的，可以不再提取。公司的法定公积金不足以弥补以前年度亏损的，在依照前款规定提取法定公积金之前，应当先用当年利润弥补亏损。公司从税后利润中提取法定公积金后，经股东会或者股东大会决议，还可以从税后利润中提取任意公积金。公司弥补亏损和提取公积金后所余税后利润，有限责任公司依照本法第三十四条的规定分配；股份有限公司按照股东持有的股份比例分配，但股份有限公司章程规定不按持股比例分配的除外。股东会、股东大会或者董事会违反前款规定，在公司弥补亏损和提取法定公积金之前向股东分配利润的，股东必须将违反规定分配的利润退还公司。公司持有的本公司股份不得分配利润。"

《公司法》第一百六十八条规定："公司的公积金用于弥补公司的亏损、扩大公司生产经营或者转为增加公司资本。但是，资本公积金不得用于弥补公司的亏损。法定公积金转为资本时，所留存的该项公积金不得少于转增前公司注册资本的百分之二十五。"

公司未分配利润、公积金转增注册资本的，有限责任公司需要遵守《公司法》第三十四条，股份有限公司应当遵守《公司法》第一百六十六条。如果公司章程有特殊规定，则以公司章程为先。

（2）公司原股东增加投资

《公司法》第二十七条规定："股东可以用货币出资，也可以用实物、知识产权、土地使用权等可以用货币估价并可以依法转让的非货币财产作价出资；但是，法律、行政法规规定不得作为出资的财产除外。对作为出资的非货币财产应当评估作价，核实财产，不得高估或者低估作价。法律、行政法规对评估作价有规定的，从其规定。"公司股东可以据此直接增加公司的注册资本。

（3）新股东入股

拟上市公司增资扩股时，外部投资者可以通过投资入股的方式成为公司的新股东。新股东入股的价格应当根据公司净资产与注册资本之比确定，溢价部分作为公司的资本公积金。

拟上市公司进行增资扩股需要注意一些问题。《首次公开发行股票并上市管理办法》第十二条规定："发行人最近3年内主营业务和董事、高级管理人员没有发生重大变化，实际控制人没有发生变更。"根据上述规定，拟上市公司进行增资扩股时，公司实际控制人不能发生变更，管理层不能有重大变化，主营业务不能发生重大变化，以免影响公司上市进程。

9.3　原有合伙人退出：尽量好聚好散

合伙人退出机制对于股权设计也至关重要。大部分合伙人之间的纠纷都是因为没约定好退出机制,才让原本合伙创业的好友成了仇人。因此,创始人要"先小人,后君子",在合伙创业前就与合伙人约定详细的退出机制。这既是对公司利益的保护,也是对合伙人利益的保护。

转让股权的四种限制方式

对股东转让股权的权力进行限制是降低合伙人退出的影响的方式之一。具体有以下三种限制方式。

(1)在股东未认购时不得向非股东转让股权

很多人可能想不通,既然合伙人想要退出,那就把他的股权转让了就好,为什么还要提出一些限制呢?例如,在股东未认购时不得向非股东转让股权。其实理由很简单,当公司的上市预期不明朗、合伙人试图退出时,如果把股权转让给非股东,很可能会产生一定的隐患。而且,很多规模比较大的公司对少量股权根本不感兴趣,多数时候会要求整体购买。

如果让退出的合伙人把股权转让给非股东,尤其是经济实力比较强大的非股东,那么这个非股东以后也许会把整个公司都买下来,从而对股东和创始人的利益造成影响。因此,对股权转让提出限制,其实是在保护股东和创始人。但是,如果操作不当,也不排除会起到反作用。

曾有一家创业公司就经历了合伙人滥用股权,将创始人与股东扫地出门的事情。该合伙人在这家公司拥有非常多的股权,而且拥有一定的话语权,他在退出时把自己的股权转让给了朋友周某。周某的能力很强,进入公司之后没多久就掌握了大量的业务和客户。过了半年,周某重新成立了一家公司，并带走了这些业务和客户。

当创始人和其他股东发觉经营出现问题时，公司的银行账户里就只剩下几百万美元了。于是，周某趁机提出要购买整个公司，而且购买的价格只比这几百万美元的存款多一点。与此同时，由于周某还享有优先清算权，因此公司被出售之后，创始人和其他股东几乎拿不到多少钱。而周某又是第三方公司的创始人，所以无疑是这次收购事件的主要受益人。就这样，创始人和其他股东失去了自己的公司，员工们也失去了自己的工作。

由此可见，为了防止出现不必要的风险，对股权转让做出限制是非常必要的。从原则上说，创始人不应该让退出的合伙人把股权转让给非股东，因为公司对非股东没有很深的了解，不确定他进入公司之后会做出什么样的行为。

（2）公司不回购，其他股东优先购买

在合伙人进行股权转让时，公司不回购，其他股东优先购买也是一个不错的限制条件。第一，创始人让其他股东按照股权比例参与优先购买，这是为了防止股权被过度稀释；第二，其他股东自愿优先购买全部或部分股权。

从表面上看，第一个方面更有利于创始人，第二个方面更有利于合伙人，但是归根结底，这两方面都有利于保护公司的稳定和正常运营。

《公司法》第七十一条第三款规定："经股东同意转让的股权，在同等条件下，其他股东有优先购买权。两个以上股东主张行使优先购买权的，协商确定各自的购买比例；协商不成的，按照转让时各自的出资比例行使优先购买权。"

由此可见，对于不影响公司稳定性的内部股东之间的股权转让，法律没有做出强制性的规定，允许其进行友好协商。也正是因为这样，创始人与合伙人对于优先购买的限制应该基于《公司法》的规定，针对公司状况设计个性化方案。

另外，虽然其他股东可以优先购买股权，但是要有时间限制。对于创始人来说，如果让其他股东享受优先购买的权利没有时间限制，那么会造成交易资源的浪费，甚至会进一步危及交易的安全。因此，为优先购买设置一个合理的时间限制非常重要。

（3）原股东不购买，可转让第三方

如果处理得好，股权转让限制对于原股东来说非常有优势，可以使其享受优先购买等方面的权利。也就是说，有合伙人要求退出时，公司首先应该询问原股东是否要购买股权。这是他们的法定权利，是不能被剥夺的。

但是，如果股权转让与公司外部的第三人相关，那么情况就会大不相同。根据股权转让限制的规定，在进行股权转让的过程中，必须通过一定的程序向原股东发送股权转让通知，并对转让的股权比例、转让的价格等情况进行描述，同时要求原股东在规定时间内做出答复。

如果原股东同意购买股权，那么事情就非常简单，直接在公司内部完成转让程序即可。如果原股东不同意购买股权，那么就视为他们同意将股权转让给第三方，并且放弃享受优先购买的权利。

在将股权转让给第三方时应该注意三大要点：

第一，一旦涉及国有资产，需要遵守国务院颁布的《国有资产评估管理办法》的规定；

第二，股权转让的价格通常不能低于该股权包含的净资产的价格；

第三，股权转让的具体操作应该符合公司章程的相关规定。

如何设计退出机制

最初一起创业的合伙人为什么在企业发展壮大之后就变成了对簿公堂的仇人呢？其主要原因在于企业建立时，不合理的股权分配埋下了隐患。

企业在建立初期，股权就是一纸空头支票，很多人碍于面子或对股权分配不了解而忽略了股权分配及退出的问题。当企业发展壮大之后，特别是上市之后，股权有了更高的价值，大家都不肯退让，于是面临分家的局面。此时如果没有合理的退出机制，很可能就会引起大家对簿公堂。

还有一些创业企业由于经营不善，长时间没有盈利，此时有些合伙人就可能要求退出，一旦处理不当，轻则使公司陷入困境，重则让公司倒闭。

两年前，刘杨明与大学时期的同班同学李正良合伙开发了一个关于减肥的App。创业初期，两人各出资10万元，分别占股55%、30%，股权池占股15%。

在App第一版开发完成并推广经营三个月后，公司陆续开始有资金进账，两人兴奋不已。但是，这时刘杨明希望乘胜追击，根据用户的需求再开发第二版，这也意味着两人至少还要继续投入5万元。而李正良觉得现在还是按部就班地回本比较好。由于二人始终无法达成一致，不久，李正良宣告退出合作，要求抽走当时投入的10万元和近期的收入。由于刘杨明前期没有和李正良制定相应的退出机制，只能答应李正良的要求。后期，刘杨明由于资金吃紧，此次创业以失败而告终。

从这个故事可以看出，刘杨明创业失败的关键原因在于合伙创业前没有设置合理的退出机制。例如，是原股退出，还是议价退出？前者和后者的结果可能完全不一样。

很多创业者都与刘杨明一样，前期爱面子，不好意思提出一些看似苛刻的要求。这样不仅会害了公司，还会害了其他合伙人。因此，对于创业者来说，不要意气用事，也不要以为大家是朋友就不必计较，无论合伙人是谁，都要提前约定好合理的退出机制。

首先，创始人要提前约定好合伙人在什么情况下才能退出。由于公司在创立初期风险承受能力特别弱，一旦出现大的波动，就容易导致公司倒闭。一般来说，合伙人在创业前半年退出并撤出资金是公司倒闭的最直接因素。因此，对于前期退出的处理，主要包括资金退出和技术退出，其处理方法如下。

（1）资金退出处理

对于这种情形，创始人可以允许合伙人退出，但是资金不能完全撤出。一旦允许资金全额撤出，留下的合伙人的现金流压力就会急剧增大。因此，撤出资金必须约定一定的比例，原则上撤出比例不超过50%。当然，对于余下的50%可以以商业借贷或股权的形式具体协商处理。

（2）技术退出处理

在公司创立前期，技术型合伙人一旦撤出，公司无法及时找到替代人员，很容易面临困境。所以，如果技术型合伙人要退出，创始人必须在找到技术替代人员并稳定后再允许其撤出。至于撤出资金的要求，可以仿照第一条进行处理。

其次，提前设置合理的退出机制。如何设置退出机制呢？其约定内容主要包括以下几点。

（1）人走，股不走

合伙人可以退出，但股权必须转让给其他合伙人或重新进行股权分配。这里面会出现两种情况。

情况一：经营亏损。

在经营亏损的情况下，合伙人不能退股，除非将其股权低价处理给其他合伙人。因为公司处于下行阶段，风险很大，退出方也应当承担一定的风险带来的损失。为了防止合伙人退出公司，却不同意公司回购股权，创始人可以在股东协议中设定高额的违约金条款。

情况二：经营盈利。

合伙人在公司盈利的情况下退股，其他合伙人可以进行溢价式回购。例如，有一个合伙人想退股，当初他投入100万元，占股60%，并参与了经营管理。此时，如果公司的现金充足又想稳定发展，可以约定按总资产的一定比例折算给该合伙人。

（2）出资股与参与股分离

有些公司在合伙初期，股权分配根据出资人的出资比例来定，即出资额高，分配的股权也高。这种分配方式很容易留下隐患，后期一旦公司快速发展，其他合伙人就会觉得不公平，因为他们付出了同样的努力，只是因为前期出资较少，就分得很少的股权，这时矛盾会一触即发。所以，公司在创立前期，其股权分配应将出资股与参与股分离，具体做法如下。

股权应由两部分组成：一是出资股；二是参与股。例如，合伙人出资100万元，如果仅按出资计算股权，占股60%；如果将资金占股与参与占股分开计算，则可以降低资金的折算比例，将100万元资金折算成40%的股权；如果合伙人还参与了经营管理，可再分配给他 15%～30% 的参与股。至于具体参与股是多少，创始人需再制定一套标准进行考核。尽管这种分配方式没有给合伙人增加很多股权，但是更能激发合伙人的活力，并减少合伙人心理的不公平感。

（3）赔偿高额违约金

赔偿高额违约金是合伙人退出机制中必不可少的一项规定，这样能有效约束合伙人不轻易退出。而且，赔付标准不宜过低，赔付额必须高于带来的损失额。一旦出现退股纠纷，也有章可依以保证其他合伙人的权益。

对于以上各点，如果合伙人都能严格遵守，公司的利益就能得到最大的保障。当然，创始人不要只是单方面给合伙人设定退出机制，而对自己不设定退出机制。这也会给公司的后期运营埋下隐患，不利于公司的长期发展。因此，为了赢得团队其他人的信任，创始人不仅要为团队其他人制定退出机制，还要为自己制定相应的退出机制。

实用工具：合伙人退出协议模板

股权退出协议

甲、乙双方共同经营_____（公司名称），由于_____（某项事由），____（甲或乙）要选择中途退出。双方在相关法律的基础上，遵循互惠互利的原则，共同达成了本协议。协议规定____（甲或乙）退出后，由____（甲或乙）独立经营，具体的内容如下。

第 1 条　基本信息

甲方_____，身份证号码_____。

乙方_____，身份证号码_____。

第 2 条　甲、乙双方的出资额、出资方式及出资期限

甲方_____以_____方式出资，出资金额共计___元（大写：人民币___元），出资期限为___年；乙方_____以___方式出资，出资金额共计___元（大写：人民币___元），出资期限为___年。

第 3 条　退出时的交接盘点及各项承诺的履行状况

（1）仓库盘点，库存余额_____元（大写：人民币___元）；公司的盈亏盘点，净利润_____元（大写：人民币___元）。

（2）___（甲或乙）退出，按照共同经营时签订的协议，___（甲或乙）应支付退出方___（甲或乙）_____元的金额（大写：人民币___元）。

（3）退出方要求以现金的形式得到未退出方_____元的金额（大写：人民币___元）。支付期限一共是___天，如果延迟支付或未支付，则应给予退股方_____元（大写：人民币___元）的违约补偿。

（4）___（甲或乙）退出后的事项。

在公司中推举出清算人，并邀请_____作为中间人进行财产清算；如果财产清算后有盈余，则按照拖欠的员工工资与劳动保险费用、拖欠的税款、拖欠的债务、返还退出方出资的顺序进行清偿；公司的固定资产及不能再继续分割的财产可以作价卖给第三人，然后根据此价款进行清偿；如果财产清算后发现经营亏损，无论出资多少，首先要以退出方的共同财产进行清偿，如果未能全部清偿，则按照出资比例进行债务的分配。

第 4 条　其他事项

本协议自相关人员签字盖章后正式生效，一式三份：甲、乙双方以及中间人各执一份，直到___（甲或乙）拿到偿还的现金为止。当退出方拿到偿还的现金后，要把本协议返还给___（甲或乙）。

甲方：____（签字盖章）　　　　　　　　乙方：____（签字盖章）
___年___月___日　　　　　　　　　　　___年___月___日

中间人：____（签字盖章）
___年___月___日

第 10 章 契约化管理：为双方的利益提供保障

第 10 章 契约化管理：为双方的利益提供保障

在制定股权方案时，为了保证公司与股东双方的利益，创始人最好使用契约化管理，将一切条款与合约落实到书面文件上。这样即使日后发生纠纷，也有据可依。

10.1 动态股权分配的相关书面文件

在股权分配的过程中，创始人要与合伙人签署各种各样的文件，包括股东出资确认合同、股东股权分配合同、竞业限制合同等。创始人要确认好这些协议的核心要点，以免踩中股权分配的陷阱。

股东出资确认要点及核心协议摘要

股东出资确认协议是股东对出资事实的书面确认文件，它的内容包括明确股东资格、明确出资方式及金额、明确出资时间及财产权转移手续、明确股东出资责任等。

（1）明确股东资格

因为全体股东对成立公司的行为承担连带责任，所以创始人一定要提前明确股东信息，包括其人品、能力、资产情况等。

（2）明确出资方式及金额

虽然法律规定股东能用货币出资，也能用非货币作价出资，但是全部股东的货币出资额不能低于注册资本的30%。所以，创始人要提前明确股东的出资方式及金额。

（3）明确出资时间及财产权转移手续

很多公司都会出现股东出资不实或拖延的情况，影响公司的后续发展。所以，创始人要在签订协议时提前明确出资时间和货币以及非货币财产的转移问题，确保相关手续齐全。

（4）明确股东的出资责任

股东的出资责任分为出资违约责任和资本充实责任。出资违约责任是指股东未按协议出资，应承担违约赔偿责任。资本充实责任是指股东未按协议出资，应对出资差额进行填补。明确股东的出资责任，可以保证公司的资金稳定且充裕，避免合伙人之间因出资问题产生矛盾。

下面是股东出资协议的摘要，如表10-1所示。

表10-1 股东出资协议书（摘要）

甲　方：	乙　方：
身份证号：	身份证号：
第一条　公司概况 　　公司名称： 　　公司地址：	

（续表）

公司的组织形式为：

责任承担：各方当事人以各自的出资额为限对公司承担责任，公司以全部资产对公司债务承担责任。

第二条　公司经营范围

本公司的经营范围：

以上经营范围以登记机关核发的营业执照记载项目为准；涉及许可审批的经营范围及期限以许可审批机关核定的为准。

第三条　公司注册资本及出资

1. 公司认缴的注册资本为人民币____万元，其中：

（1）甲方：认缴出资额为____万元，以____方式出资，占注册资本的____%；

（2）乙方：认缴出资额为____万元，以____方式出资，占注册资本的____%。

2. 全体股东确认，以上出资已于____年___月___日前全部实缴到位。

第四条　出资证明

本协议签署后，足额缴付出资的股东有权要求公司向股东及时签发出资证明。出资证明由公司盖章。出资证明应当载明下列事项：

（1）公司名称；

（2）公司登记日期；

（3）公司注册资本；

（4）股东的姓名或者名称、缴纳的出资额和出资日期；

（5）出资证明书的编号和核发日期。

第五条　公司治理结构

（1）公司设股东会，由全体股东组成。股东会为本公司的最高权力机构。

（2）公司设执行董事一名，各方一致推举_____担任公司执行董事，执行董事为公司法定代表人。执行董事任期三年，任期届满可连选连任。执行董事任期届满前，股东会不得无故解除其职务。

（3）公司不设监事会，各方一致推举由_____担任公司监事。监事任期三年，任期届满可连选连任。董事、高级管理人员不得兼任监事。

（续表）

第六条 保密
协议各方保证对在讨论、签订、执行本协议过程中所获悉的属于其他方的且无法自公开渠道获得的文件及资料（包括商业秘密、公司计划、运营活动、财务信息、技术信息、经营信息及其他商业秘密）予以保密。未经该资料和文件的原提供方同意，其他方不得向任何第三方泄露该商业秘密的全部或部分内容。
第七条 违约责任
由于一方过错，造成本协议不能履行或不能完全履行时，由过错方承担其行为给公司造成的损失。
甲　　方：　　　　　　　　　　　　　乙　　方：
联系地址：　　　　　　　　　　　　　联系地址：
联系电话：　　　　　　　　　　　　　联系电话：
签订地点：
签订日期：＿＿＿年＿＿＿月＿＿＿日

股东股权分配要点及核心协议摘要

股权分配出现问题，大多数原因都是创始人与合伙人不好意思细谈。大部分创始人与自己的朋友或亲属合伙创业，因为怕伤了感情，所以在创业前选择均分股权或未明确责任归属，导致在创业过程中发生各种问题。

股权要按具体的出资、职责、岗位等因素分配，创始人要在股权分配协议中明确这些因素及违约责任，避免随意"拍脑袋"分配引起合伙人产生矛盾。

下面是股权分配协议的摘要，如表 10-2 所示。

表 10-2　股权分配协议书（摘要）

甲　　方：　　　　　　　　　　住　　址：   身份证号：　　　　　　　　　　联系电话：   乙　　方：　　　　　　　　　　住　　址：   身份证号：　　　　　　　　　　联系电话：
一、公司管理及职能分工 　　1.公司设董事会，董事会成员由甲、乙双方组成，经选举＿＿＿＿为董事长，＿＿＿＿为董事，任期均为两年。 　　2.聘任＿＿＿＿为公司总经理，负责公司整体的日常运营和管理，具体职责包括： 　　（1）办理公司设立登记手续； 　　（2）根据公司运营招聘员工； 　　（3）审批日常事项（涉及公司发展的重大事项，甲方财务审批权限为＿＿＿＿元人民币以下，超过该权限数额的须经甲、乙双方共同签字认可才能执行）。 　　3.聘任＿＿＿＿为公司副总经理，具体负责： 　　（1）对甲方的运营管理进行必要的协助； 　　（2）检查公司财务； 　　（3）监督甲方执行公司职务的行为。 　　4.重大事项处理 　　遇到以下重大事项，须经由董事会达成一致决议后才可进行： 　　（1）拟由公司为股东、其他企业、个人提供担保的； 　　（2）决定公司的经营方针和投资计划； 　　（3）《公司法》第三十八条规定的其他事项。   二、盈亏分配 　　1.利润和亏损，甲、乙双方按照实缴的出资比例分享和承担。 　　2.公司税后利润，在弥补公司前季度亏损并提取法定公积金（税后利润的10%）后，才可进行股东分红。股东分红的具体制度为： 　　（1）分红的时间：每季度第一个月第一日分取上个季度利润； 　　（2）分红的数额为上个季度剩余利润的60%，甲、乙双方按实缴的出资比例分取； 　　（3）公司的法定公积金累计达到公司启动资金的50%以上，可不再提取。

（续表）

3. 转股或退股的约定 （1）转股：自合同签订起____年内，股东不得擅自转让股权。自第____年起，经其他股东同意，一方股东可进行股权转让，此时未转让方对拟转让股权享有优先受让权。 如果一方股东将其股权转让予其他股东导致公司性质变更的，转让方应负责办理相应的变更登记等手续。如果因该股权转让违法导致公司丧失法人资格的，转让方应承担主要责任。 如果拟将股份转让予第三方的，第三方的资金、管理能力等条件不得低于转让方，且应另行征得未转让方的同意。 转让方违反上述约定转让股权的，转让无效，转让方应向未转让方支付违约金____元。 （2）退股：一方股东须先清偿其对公司的个人债务（包括但不限于该股东向公司借款、该股东行为使公司遭受损失而须向公司赔偿等），且征得其他股东的书面同意后才可退股，否则退股无效，拟退股方仍应享受和承担股东的权利和义务。 4. 增资 如果公司储备资金不足，需要增资的，各股东按出资比例增加出资。如果全体股东同意，也可根据具体情况协商确定其他增资办法。如果增加第三方入股的，第三方应承认本协议内容并分享和承担本协议下股东的权利和义务，同时入股事宜须征得全体股东的一致同意。
甲方（签章）：　　　　　　　　　　　　乙方（签章）： 　　　　　　　　　　　　　　　　　　　签订日期：____年____月____日

竞业限制要点及核心协议摘要

竞业限制协议是创始人对股东最有力的约束。很多公司都出现过合伙人跳槽创业与原公司竞争或有股权的高管离职带走公司项目和客户的情况。这些情况无疑都会让公司遭受重大损失，甚至让一家刚有起色的创业公司毁于一旦。

为了避免此类情况发生，创始人需要提前与合伙人签订竞业限制协议，让他们在1~2年内无法做出损害公司利益的事。这是对合伙人的合理约束，避免合伙人轻易退股或辞职。

下面是竞业限制协议的摘要，如表10-3所示。

表10-3 竞业限制协议书（摘要）

甲方（公司）： 乙方（股东）：
法定代表人： 身份证号：
第一条 竞业禁止
（1）竞业禁止即竞业行为的禁止，指不得从事与甲方相竞争的行业。
（2）与甲方相竞争的行业包括但不限于下列行业：_____
（3）竞业行为包括直接或间接地以个人名义或以一家企业的所有者、许可人、被许可人、本人、代理人、雇员、独立承包商、业主、合伙人、出租人、股东、董事或管理人员的身份或以其他任何名义，从事与甲方相竞争的行业。
第二条 禁止期间、地域范围
（1）竞业禁止期间：乙方持有甲方股权期间，以及不再持有甲方股权之日起的两年内。乙方股权比例有变化但仍为甲方股东的，仍需要履行竞业禁止义务。
（2）竞业禁止地域范围：中国境内。
第三条 乙方的承诺
（1）乙方不在竞业禁止期间从事竞业行为。
（2）乙方不向竞争对手提供任何服务或披露任何保密信息。
（3）乙方在竞业禁止期间不直接或间接地劝说、引诱、鼓励或以其他方式促使甲方公司或其关联公司向乙方提供任何服务或披露任何保密信息。
第四条 违约责任
（1）乙方违反本合同约定的竞业禁止义务的，应赔偿甲方违约金_____万元。违约金不足以赔偿甲方损失的，还应赔偿甲方损失。
（2）甲方损失包括但不限于直接损失、可得利益损失、支付给第三方的赔偿费用/违约金/罚款、调查取证费用/公证费、诉讼费用、律师费用，以及因此而支付的其他合理费用。

（续表）

（3）乙方违反本协议约定取得收益的，该收益应归甲方所有。

（4）乙方违反本协议约定的，经甲方通知仍不改正或第二次以上违反的，甲方有权以甲方或甲方指定的其他股东的名义回购乙方的全部股权，回购价格为乙方的原出资金额，并要求乙方将股权变更到甲方指定的其他股东名下。

第五条　其他说明

因乙方是甲方的股东，针对乙方履行本协议约定的保密与竞业禁止义务，甲方无须向乙方支付任何补偿。

第六条　争议解决

因本合同引起的或与本合同有关的任何争议由合同各方协商解决，也可由有关部门调解。协商或调解不成的，应向甲方所在地有管辖权的人民法院起诉。

甲方（盖章）：	乙方（签字）：
	签署时间：＿＿年＿＿月＿＿日

10.2　动态股权分配方案设计与执行

确认了动态股权分配的相关文件后，创始人接下来的工作就是制定"管股东"方案及动态股权分配执行方案，在保证控制权的同时有序推进股权分配工作。

最经典的"管股东"方案

媒体上经常有报道说某公司的创始人被踢出董事会或被"清剿"，那么创始人要如何制定"管股东"方案，才能避免自己养大的"亲生孩子"

被别人领走呢?

（1）考虑引进资本的目的

创始人在引进资本时需要考虑引进的股东是财务投资者、管理投资者，还是战略投资者。创始人需要先想清楚，再引进股东，然后根据股东的目的设计股权方案，否则很容易出现大娘水饺、俏江南等公司创始股东被"清剿"的结局。

（2）对引进股东进行缜密的调查

创始人在引进股东时最好回避彼此非常熟悉的股东，因为这可能导致后期这些股东联合将创始人置于董事会之外。

（3）选择理想的股权模式

创始人在引进股东前应明确自己是要选择出让股权，还是要稀释股权（增资扩股）的模式。如果选择出让股权，可能导致创始团队的股权越来越少；如果选择稀释股权（增资扩股），创始人就需要注意稀释的程度，不要过快地稀释自己的股权，否则自己可能从大股东变成小股东。

（4）完善公司章程

如果创始人不希望失去对公司的控制权，除了前三步以外，还需要牢牢掌握公司章程，根据公司的实际情况制定股东章程，如增加自己的投票权等。

综上所述，如果创始人能拿捏好股权、董事会及实际控股股东，这样不管自己如何改革、推行新制度，都不会失去对公司的控制权。

动态股权分配方案的执行

任正非曾总结华为取得成功的经验："华为能够走到今天，得益于分钱分得好。"奖金是用当下的钱奖励过去的行为，股权是用未来的钱激励当下的行为，活用这两种分钱机制可以把钱越分越多。

现在备受各大公司欢迎的动态股权分配机制可放可收，既能留住人才，又能促进业绩增长，加速公司实现战略目标。下面以某培训学校为例，说明导入动态股权分配机制的七个步骤，如图10-1所示。

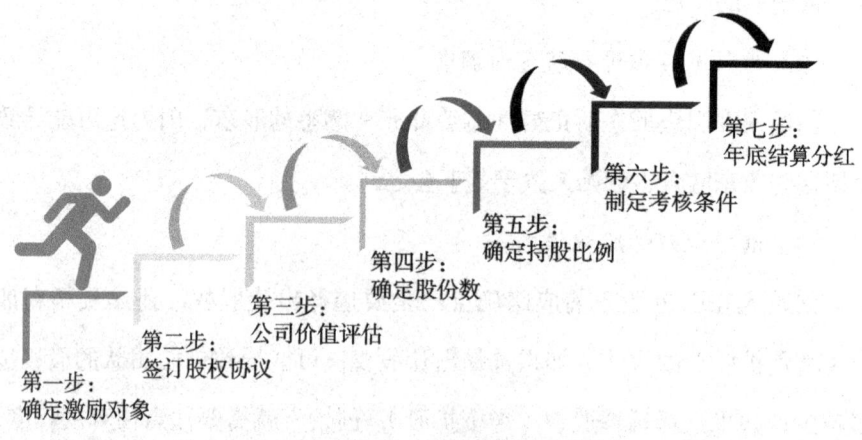

图10-1 实施动态股权分配的七个步骤

第一步：确定激励对象。

既然不是全员持股方案，创始人就要先设定股权分配对象。对于培训学校而言，影响公司未来发展的速度、质量和方向的中高层领导（如教学总监、运营总监或销售总监）应该是股权分配的主要对象。但是，对这些员工不能一次性进行股权激励，而要分批进行：先把股权分配给最核心的员工，让他们成为标杆，刺激其他员工更加努力工作。

第二步：签订股权协议。

为了保证公司与员工的合法权益，创始人需要与股东签订《动态股权协议书》《竞业禁止协议书》等相关文件。协议书上需明确考核标准、估值方式、核算方式、分红方式等内容。只有股东与公司利益共享、风险共担，公司才能稳定发展。

第三步：公司价值评估。

公司价值评估是指对公司进行估值和量化，是对公司获利能力的一种内在评估。估值是交易和定价的基础，分为对外估值和对内估值，对外估值用于融资和上市，对内估值用于股权分配与激励。

动态股权分配的内部估值计算公式为"当年的营业额＋当年的固定资产投入＝当年的估值"。

例如，这家培训学校全年的课程销售收入为360万元，固定资产总体投入为80万元，那么该培训学校当年的总体估值为440万元。

第四步：确定股份数。

对公司估值之后要把估值拆分成股份。因此，创始人需要对每股的价格进行定价。每股的最低价格通常为1元，那么股份的计算公式就是"估值／定价＝股份"。

例如，这家培训学校总体估值为440万元，根据股份计算公式得出这家培训学校当年总共拥有440万股。

第五步：确定持股比例。

股份核算一般采用加法，即在公司原有股份的基础上进行核算，这样就可以保证钱是越分越多的。

例如，2020年这家培训学校拥有440万股，创始人决定增资扩股，在2021年分配给教学总监小王30万股，分配给销售总监小陈20万股。学校的总股份就为440＋30＋20＝490万股，进而得出小王占股30÷490×100%≈6%、小陈占股20÷490×100%≈4%。

第六步：制定考核条件。

动态股权分配的考核制度分为获得股份的考核和获得分红的考核。既然高管不需要出资认购股份，就必须拿工作结果来交换。公司只为员工创造一个提升收益的平台，收益要靠员工自己创造。

（1）获得股份的考核

这家培训学校对销售总监小陈的考核条件为"2020年的课程销售收入为360万元，计划在2021年实现30%的增长，达到468万元"。小陈要实现目标的70%及以上，才能享有4%的持股资格。

这家培训学校对教学总监小王的考核条件为"在2021年各学科平均续班率达到80%"。小王需要达成目标的50%及以上，才能享有6%的持股资格。

（2）获得分红的考核

这家培训学校为销售总监小陈设置的分红条件为"目标完成率在70%以下，不享受分红；完成率在70%~80%，享受70%的分红；完成率在80%~90%，享受80%的分红；完成率在90%~100%，享受90%的分红；完成率在100%及以上，享受100%的分红"。

这家培训学校为教学总监小王设置的分红条件为"目标完成率在50%以下，不享受分红；完成率在50%~60%，享受70%的分红；完成率在60%~70%，享受80%的分红；完成率在70%~80%，享受90%的分红；完成率在80%及以上，享受100%的分红"。

第七步：年底结算分红。

年底结算分红，各股东也要拿工作结果交换红利。一般公司都会采用净利润结算方式，即"净利润=课程销售收入-成本费用-税金及附加"。

利润是公司生存的根本，没有利润就没有分红。这体现了员工与公司既要利益共享，也要风险共担。

10.3　动态股权分配的风险因素

在推行动态股权分配方案的过程中，创始人还要注意相关文件中的风险因素。例如，股东协议、公司章程等文件的设计稍不注意就会留下隐患，成为日后股东与公司产生纠纷的"导火索"。

股东协议有哪些"雷"

A 和 B 共同出资设立了某教育科技公司，股权比例为 3∶7，A 负责教学，B 负责管理。双方在股东协议中约定自己均无薪资，在年盈利达到 50 万元时按 3∶7 分配利润，在年盈利达到 50～100 万元时按 5∶5 分配利润，在年盈利达到 100 万元以上时按 7∶3 分配利润。

那么，这份股东协议有哪些"雷"呢？

（1）没有约定全职人员工资

因为 A 负责教学基本需要全勤在岗，而 B 负责管理只需要偶尔在岗，所以双方付出的时间成本有巨大的差别。虽然盈利多时 A 的收益高，但作为一家初创公司，在很长一段时间内 A 只有按照出资额分配利润，做得多，反而收益少，这会严重打击 A 的工作积极性。

（2）股权比例约定不合理

按照我国《公司法》规定，除非公司章程约定重大事项需要全体股东一致同意，否则B占股70%即享有三分之二以上的表决权，可以自行决定修改公司章程、增资、减资，以及公司合并、分立、解散等重大事项，极易引发股东之间的矛盾。

上述两点也是大多数创始人在签署股东协议时经常忽视的问题。股权分配讲究平衡，稍有不公就可能成为日后散伙的隐患。因此，创始人在签订股东协议时一定要把各方面的问题都考虑进去，并体现在书面上。

公司章程有哪些"坑"

公司章程对于公司运营具有重要意义，创始人在制定公司章程时务必要考虑周全，通过明确详细的约定对经营做出个性化的安排，避免掉进公司章程的陷阱。那么，公司章程可能出现哪些陷阱呢？

（1）前后矛盾

假设某公司有两个股东，A占股90%，B占股10%。公司章程第三条明确写出"公司增资必须经全体股东一致同意"，但公司章程第五条却写着"公司重大事项应经三分之二以上的股东同意"。这两条内容明显前后矛盾，就为日后股东会决策埋下了隐患。

后来，A在B缺席股东会的情况下，决定增加注册资本1亿元。B因未出席股东会且认为增资过多，就依据公司章程第三条向法院起诉，要求撤销股东会决议。

法院审理后认为：公司章程第三条是公司关于增资的特别约定，而第五条是股东会决策的一般约定;在同一公司章程中,特别约定优先,股东会应依据公司章程第三条进行表决,所以应撤销增资决定。

创始人在设计公司章程时,如果涉及特殊约定,应向全体股东具体说明,否则就容易出现上述公司中的情况,导致公司决策不清晰。

(2)用词不当

某公司有三个股东:A 持股 52%,B 持股 39%,C 持股 9%。公司章程写道:股东按出资比例行使表决权,股东会决议应经全体股东一致同意。

后来,在某一次股东会上,A 股东和 B 股东到场,C 股东缺席。此次股东会通过了许多公司重大事项,但 C 股东因未参与,所以不认可这些决议,要求撤销。

当时法院的一审、二审、三审均认为:公司章程中约定的"全体股东一致同意"与"资本多数决"冲突,与立法原则相悖。而且,A 股东和 B 股东的合计表决权已超过了三分之二,所以股东会的决议有效。

但是,在近几年类似的案例中,法院对"全体股东一致同意"的理解又变成了"代表 100% 表决权的股东通过"。如果按照这个说法,该公司的股东会决议应当被撤销。

由此可见,同一句话在不同的时期,不同的法官会有不同的理解。创始人无法左右法院的判决,但创始人可以把公司章程写得更具体,避免因此问题与股东对簿公堂。

(3)签名造假

有些公司在注册时,公司章程上的股东签名并非本人的笔迹,而是为了节省时间由代办人员代笔的。这会造成公司章程无效,如果日后股东与公司发生纠纷，这一点对于公司来说非常不利。

公司章程很重要，创始人一定要重视，不能为省事而随便应付，否则很可能自己给自己挖"坑"，不仅让自己丧失对公司的控制权，还损害其他股东的利益。

第11章

财务与税收处理：针对资金做统筹

合理的股权分配方案需要包括财务与税收处理的内容。股权分配也是钱的分配,创始人应在会计核算、税务处理等方面做好规划,让股东能获得最多的收益。

11.1 财务处理:资源整合,架构调整

多种所有制企业数量的增长导致兼并、重组等业务日益增多,资产划转开始成为同一投资主体之间调整业务架构、整合企业资源的重要形式。

企业间股权划转的财务处理

资产划转是指100%直接控制的母子企业之间、受同一或相同多家企业100%直接控制的企业之间按照账面净值划转股权或资产的行为。

企业之间股权和资产划转包含三种情况,如图11-1所示。

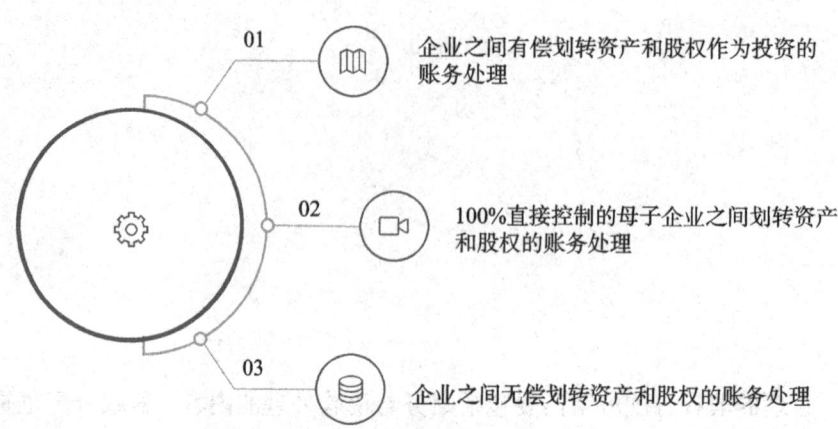

图 11-1 企业之间股权和资产划转的三种情况

（1）企业之间有偿划转资产和股权作为投资的账务处理

《企业会计准则第 7 号——非货币性资产交换》第三条规定："非货币性资产交换同时满足下列条件的，应当以公允价值为基础计量：（一）该项交换具有商业实质；（二）换入资产或换出资产的公允价值能够可靠地计量。换入资产和换出资产的公允价值均能够可靠计量的，应当以换出资产的公允价值为基础计量，但有确凿证据表明换入资产的公允价值更加可靠的除外。"

由上述规定可知，企业间通过有偿划转资产或股权作为投资的属于投资行为，而投资行为必定包含资产的有偿划转步骤。下面结合具体案例来看这种有偿划转行为如何做账务处理。

丙公司是甲公司的全资子公司。2020 年 3 月，甲公司将其持有的 50% 的丙公司股权与一项不动产划转至乙公司。股权和不动产的公允价值各为 1 000 万元，计税基础各为 500 万元，则两家公司的账务处理如表 11-1 所示。

表 11-1　甲公司和乙公司的账务处理（1）

	甲公司	乙公司
借	长期股权投资——乙公司1 000万元	固定资产500万元 长期股权投资——丙公司50%股权500万元
贷	固定资产清理500万元 长期股权投资——丙公司50%股权500万元	实收资本1 000万元

（2）100%直接控制的母子企业之间划转资产和股权的账务处理

《关于资产（股权）划转企业所得税征管问题的公告》（国家税务总局公告2015年第40号）第一条第一款第一项规定："100%直接控制的母子公司之间，母公司向全资子公司按账面净值划转其持有的股权或资产，母公司获得子公司100%的股权支付，母公司按增加长期股权投资处理，子公司按接受投资（包括资本公积）处理。母公司获得子公司股权的计税基础以划转股权或资产的原计税基础确定。"

甲公司将其名下一处不动产划转给全资子公司乙，该不动产原价值1 000万元，折旧费用为500万元，已计提减值准备50万元。在不考虑流转税的情况下，两家公司的账务处理如表11-2所示。

表 11-2　甲公司和乙公司的账务处理（2）

	甲公司	乙公司
借	长期股权投资450万元 固定资产减值准备50万元 累计折旧500万元	固定资产1 000万元
贷	固定资产1 000万元	固定资产减值准备50万元 累计折旧500万元 资本公积/实收资本450万元

（3）企业之间无偿划转资产和股权的账务处理

《关于资产（股权）划转企业所得税征管问题的公告》（国家税务总局公告2015年第40号）第一条第一款第二项规定："100%直接控制的母子公司之间，母公司向子公司按账面净值划转其持有的股权或资产，母公司没有获得任何股权或非股权支付。母公司按冲减实收资本（包括资本公积，下同）处理，子公司按接受投资处理。"

第一条第一款第三项规定："100%直接控制的母子公司之间，子公司向母公司按账面净值划转其持有的股权或资产，子公司没有获得任何股权或非股权支付。母公司按收回投资处理，或按接受投资处理，子公司按冲减实收资本处理。母公司应按被划转股权或资产的原计税基础，相应调减持有子公司股权的计税基础。"

乙公司为甲公司的全资子公司。甲公司持有丙公司40%的股权，计税基础为800万元，公允价值为1 000万元。乙公司持有丙公司60%的股权。后来，甲公司因重组事务，将其名下丙公司的40%股权无偿划转给乙公司。重组后，乙公司持有丙公司100%的股权。甲、乙公司账务处理如表11-3所示。

表 11-3　甲公司和乙公司的账务处理（3）

	甲公司	乙公司
借	资本公积 / 实收资本 800万元	长期股权投资——丙公司 800万元
贷	长期股权投资——丙公司 800万元	资本公积 / 实收资本 800万元

股东分红的财务处理

分红是指股份有限公司将其经营所得的利润，按股票份额的比例分配给投资者。那么,有限责任公司该如何确定股东分红的比例呢?

《公司法》第三十四条规定:"股东按照实缴的出资比例分取红利;公司新增资本时,股东有权优先按照实缴的出资比例认缴出资。但是,全体股东约定不按照出资比例分取红利或者不按照出资比例优先认缴出资的除外。"

依据上述规定,如果全体股东对分红比例没有约定,则按照实缴的出资比例分红。全体股东还可以结合动态股权分配制度约定分红比例。例如,不考虑出资比例因素,依能力强弱决定分红比例,只要其约定不违反相关法律规定即可。

股东分红的账务处理分四种情况,如表11-4所示。

表11-4 股东分红的账务处理的四种情况

	向股东宣告分配现金股利	向自然人股东实际支付现金股利	向企业法人股东实际支付现金股利	股票股利,非现金股利,以发放股票股利为例
借	利润分配—应付现金股利或利润	应付股利	应付股利	应付股利—转为股本的股利
贷	应付股利	银行存款	银行存款	股本

11.2 税收处理:政策福利要抓住

税务问题向来是公司的大问题。在进行公司股权设计时,创始人要考虑到股权分配、转让等情况的涉税问题,做好统筹规划,避免付出不必要的成本。

合伙企业的涉税分析

《财政部国家税务总局关于印发〈关于个人独资企业和合伙企业投资者征收个人所得税的规定〉的通知》(财税〔2000〕91号)规定:"对个人独资企业和合伙企业停止征收企业所得税,只对其投资者的经营所得征收个人所得税。"

我国《合伙企业法》第六条规定:"合伙企业的生产经营所得和其他所得,按照国家有关税收规定,由合伙人分别缴纳所得税。"同时,我国《企业所得税法》第一条规定:"个人独资企业、合伙企业不适用本法。"可见,合伙企业不属于法人企业,不需要缴纳企业所得税。那么,合伙企业如何缴税呢?

(1) 合伙企业如何缴纳所得税

合伙企业的所得税需要每个合伙人缴纳。合伙企业按照合伙约定的比例直接分配利润,所以每个合伙人需要缴纳所得税。合伙人是自然人的,需缴纳个人所得税;合伙人是法人或组织的,需缴纳企业所得税。

① 法人合伙人

对于法人合伙人,无论是生产经营所得,还是股息、红利所得,均需要按企业所得税率也就是25%缴纳所得税。

② 自然人合伙人

自然人合伙人需要为经营所得和股息、红利所得缴纳个人所得税。另外,个人独资企业和合伙企业对外投资获得的利息不并入企业收入,而是单独作为投资者个人收入,按20%的税率计算缴纳个人所得税。

(2) 合伙企业是分配了利润才缴税吗

合伙企业不以收付实现制作为缴税原则,而是有了应纳税所得额就需要计算纳税。也就是说,合伙企业有了应纳税所得额,即使没有分钱也要先纳税。

(3) 合伙企业股权转让所得如何纳税

如果该企业属于非创投企业,合伙人为自然人,那么股权转让所得应全部纳入生产经营所得,按"经营所得"缴纳个人所得税,税率为5%~35%。如果合伙人为法人或组织,则股权转让所得需并入当期收入,缴纳企业所得税。

如果该企业属于创投企业,可以选择按单一投资基金核算(税率为20%)或按创投企业年度所得整体核算(5%~35%的超额累进税率),一经选择后3年内不能变化。

(4) 合伙企业收到出资款是否缴纳资金账簿印花税

《国家税务总局关于资金账簿印花税问题的通知》(国税发〔1994〕25号)第一条规定:"生产经营单位执行'两则'后,其'记载资金的账簿'的印花税计税依据改为'实收资本'与'资本公积'两项的合计金额。"

合伙企业合伙人的出资额不登记为注册资本,不在"实收资本"和"资本公积"两项中核算。各企业一般都是把合伙人出资额计入"合伙人资本"一项,因此,合伙人出资额无须缴纳资金账簿印花税。

股息分配的涉税分析

一般情况下,公司年度的利润按规定缴纳企业所得税后再分配给股东。但是，股息、红利所得也在个人所得税的征收范围之内。那么，股东从公司获得的分红所得该如何纳税呢？

《个人所得税法》第三条规定："利息、股息、红利所得，财产租赁所得，财产转让所得和偶然所得，适用比例税率，税率为百分之二十。"

《财政部、国家税务总局、证监会关于实施上市公司股息红利差别化个人所得税政策有关问题的通知》第一条规定："个人从公开发行和转让市场取得的上市公司股票，持股期限在1个月以内（含1个月）的，其股息红利所得全额计入应纳税所得额；持股期限在1个月以上至1年（含1年）的，暂减按50%计入应纳税所得额；持股期限超过1年的，暂减按25%计入应纳税所得额。上述所得统一适用20%的税率计征个人所得税。"

除此之外，外籍个人获得境内上市公司的股票分红也不需要缴税。国家税务总局在《关于外籍个人持有中国境内上市公司股票所取得的股息有关税收问题的函》中明确指出："对持有B股或海外股（包括H股）的外籍个人，从发行该B股或海外股的中国境内企业所取得的股息（红利）所得，暂免征收个人所得税。"

分红得到的钱是公司已经缴纳完企业所得税后再进行分配的，但股东还要为此付出20%的个人所得税，这就产生了双重征税。如果想避免这种状况，创始人可以设立合伙公司，在获得收益后先按股权比例分配给股东，然后股东按5%~35%的阶梯税率进行纳税即可。这样即使股东按最高档35%纳税，也比双重征税要少。

股权转让的涉税分析

现在很多公司都开始采用股权激励制度,随之而来的与股权相关的问题也越来越被创始人重视,包括持股方式、持股对象、价格、税务等。其中最重要的就是税务问题。

股权转让分为企业股权转让和个人股权转让。

(1)企业股权转让

① 增值税

《财政部国家税务总局关于全面推开营业税改征增值税试点的通知》(财税〔2016〕36号文)附件1《营业税改征增值税试点实施办法》的附件《销售服务、无形资产、不动产注释》第一条第五款第四项规定:"金融商品转让,是指转让外汇、有价证券、非货物期货和其他金融商品所有权的业务活动。其他金融商品转让包括基金、信托、理财产品等各类资产管理产品和各种金融衍生品的转让。"

因此,企业转让非上市公司股权不属于金融商品转让,不需要缴纳增值税。

② 企业所得税

《国家税务总局关于贯彻落实企业所得税法若干税收问题的通知》(国税函〔2010〕79号)第三条规定:"企业转让股权收入,应于转让协议生效且完成股权变更手续时,确认收入的实现。转让股权收入扣除为取得该股权所发生的成本后,为股权转让所得。企业在计算股权转让所得时,不得扣除被投资企业未分配利润等股东留存收益中按该项股权所可能分配的金额。"

因此,企业股权转让所得应并入其当年的应纳税所得额中,按25%的税率缴纳企业所得税。

③印花税

《中华人民共和国印花税暂行条例》（国务院令第11号）第二条规定："下列凭证为应纳税凭证：a.购销、加工承揽、建设工程承包、财产租赁、货物运输、仓储保管、借款、财产保险、技术合同或者具有合同性质的凭证；b.产权转移书据；c.营业账簿；d.权利、许可证照；e.经财政部确定征税的其他凭证。"

其附件《印花税税目税率表》规定："产权转移书据包括财产所有权和版权、商标专用权、专利权、专有技术使用权等转移书据。立据人按所载金额万分之五贴花。"

《国家税务局关于印花税若干具体问题的解释和规定的通知》（国税发〔1991〕155号）第十条规定："'财产所有权'转移书据的征税范围是经政府管理机关登记注册的动产、不动产的所有权转移所立的书据，以及企业股权转让所立的书据。"

因此，企业转让股权应按所立书据上金额的万分之五的税率缴纳印花税。

（2）个人股权转让

《国家税务总局关于发布〈股权转让所得个人所得税管理办法（试行）〉的公告》（国家税务总局公告2014年第67号）第四条规定："个人转让股权，以股权转让收入减除股权原值和合理费用后的余额为应纳税所得额，按'财产转让所得'缴纳个人所得税。合理费用是指股权转让时按照规定支付的有关税费。"

11.3 案例解析：相关经验帮理解

前文讲解了制定股权分配方案所需财务与税收处理的知识，但理论内容往往过于抽象。针对此情况，本节将结合两个具体案例帮助读者更好地理解上述内容。

改变会计核算方式，增加上亿元利润

长期股权投资是指企业通过投资获得被投资单位的股份。通过股权投资，企业能够与被投资单位产生密切联系，控制被投资单位，从而分散经营风险。

长期股权投资有两种核算方法，分别为成本法与权益法。其中，成本法核算的范围如图11-2所示，权益法核算的范围如图11-3所示。不同的核算方法得出的利润结果差距很大，下面结合具体案例来看。

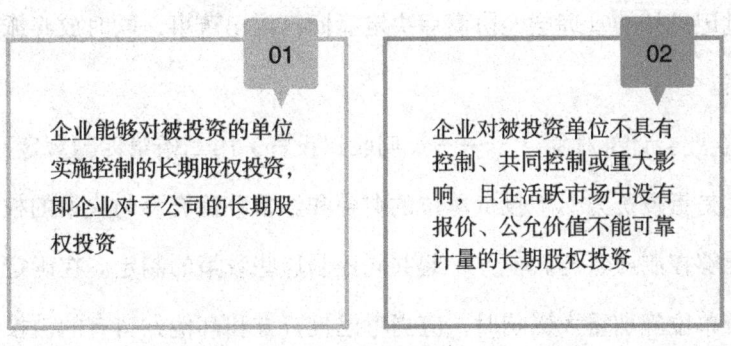

图11-2 成本法核算的范围

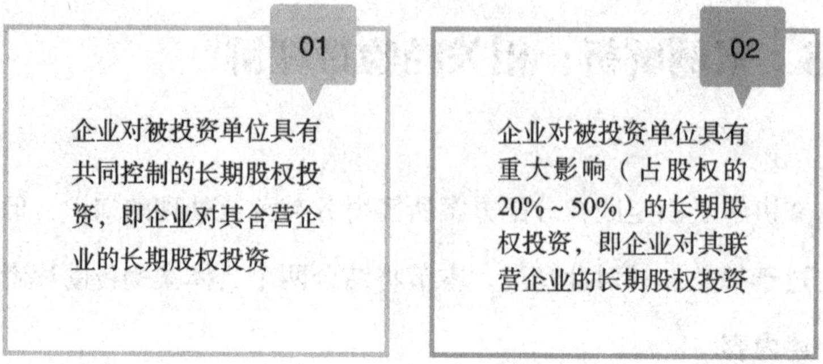

```
┌─── 01 ───────────┐      ┌─── 02 ───────────┐
│ 企业对被投资单位具有 │      │ 企业对被投资单位具有 │
│ 共同控制的长期股权投 │      │ 重大影响（占股权的 │
│ 资，即企业对其合营企 │      │ 20%～50%）的长期股 │
│ 业的长期股权投资   │      │ 权投资，即企业对其联 │
│                  │      │ 营企业的长期股权投资 │
└──────────────────┘      └──────────────────┘
```

图 11-3　权益法核算的范围

上海姚记科技股份有限公司（简称"姚记科技"）曾用名上海姚记扑克股份有限公司，其初始经营业务为销售扑克牌。后来，该公司凭借销售额突破 6 亿元成为 A 股市场领先的扑克股。

然而好景不长，公司上市后受多种因素影响，其扑克牌销量逐年下滑。为实现利润增长，该公司采取了改变会计核算方式的策略。

2014 年，姚记科技持有上海细胞治疗集团有限公司（简称"细胞公司"）22% 的股权。后来，细胞公司于 2019 年引入了新投资者。这个举动使姚记科技的持股比例从 22% 被稀释至 14.21%。

姚记科技的管理层经协商后决定撤回已派出董事，同时放弃派出董事的资格。

《企业会计准则第 2 号——长期股权投资》第二条第四款规定："重大影响，是指投资方对被投资单位的财务和经营政策有参与决策的权力，但并不能够控制或者与其他方一起共同控制这些政策的制定。在确定能否对被投资单位施加重大影响时，应当考虑投资方和其他方持有的被投资单位当期可转换公司债券、当期可执行认股权证等潜在表决权因素。投资方能够对被投资单位施加重大影响的，被投资单位为其联营企业。"

因姚记科技对细胞公司的持股比例低于20%，并且不再拥有该公司董事会席位，可判定其丧失对细胞公司的重大影响。

《企业会计准则第2号——长期股权投资》第十五条第一款规定："投资方因处置部分股权投资等原因丧失了对被投资单位的共同控制或重大影响的，处置后的剩余股权应当改按《企业会计准则第22号——金融工具确认和计量》核算，其在丧失共同控制或重大影响之日的公允价值与账面价值之间的差额计入当期损益。原股权投资因采用权益法核算而确认的其他综合收益，应当在终止采用权益法核算时采用与被投资单位直接处置相关资产或负债相同的基础进行会计处理。"

由于丧失对细胞公司的重大影响，依照上述规定，姚记科技对细胞公司的会计核算方法不再依照长期股权投资的权益法进行核算，而是自会计核算方法变更时起计算出细胞公司的该时点长期股权投资账面价值，再计算出该公司的股权公允价值，将二者之间的差额计入当期损益。此外，凡采用权益法核算的有关收益一律计入当期损益。

凭借变更会计核算方法，姚记科技的利润较上一年同期增长了约5.1亿元，约为上一年同期利润的11倍。

由股东借款引发的缴税风险

林某是一家房地产公司的股东，在一次出差途中，他因为压力大去酒吧，意外结识了一群当地的朋友。没想到，这群朋友竟将林某带上了收藏古董的"不归路"。为了购买古董，林某不仅倾家荡产，还打上了公司的主意。

2018—2019年，公司共计给林某提供近200万元的借款。林某将这笔借款全部用于购买古董，截至2020年末始终未归还。

在该案例中，林某的做法有可能引发以下风险。

（1）引发企业缴纳高额增值税的风险

《财政部国家税务总局关于全面推开营业税改征增值税试点的通知》（财税〔2016〕36号）附件1《营业税改征增值税试点实施办法》第十四条规定如下。

下列情形视同销售服务、无形资产或者不动产。

（一）单位或者个体工商户向其他单位或者个人无偿提供服务，但用于公益事业或者以社会公众为对象的除外。

（二）单位或者个人向其他单位或者个人无偿转让无形资产或者不动产，但用于公益事业或者以社会公众为对象的除外。

（三）财政部和国家税务总局规定的其他情形。

在这个案例中，虽然公司向林某提供的是无偿借款，但依据上述规定，这笔借款等同于企业向个人销售贷款服务。即使企业不会获得利息收入，但也应依照同期同类银行的贷款利率计算利息收入，最后按照适用增值税税率缴纳股东借款期间的增值税。

（2）引发缴纳高额个人所得税的风险

《财政部、国家税务总局关于规范个人投资者个人所得税征收管理的通知》（财税〔2003〕158号）第二条规定："纳税年度内个人投资者从其投资企业（个人独资企业、合伙企业除外）借款，在该纳税年度终了后既不归还，又未用于企业生产经营的，其未归还的借款可视为企业对个人投资者的红利分配，依照'利息、股息、红利所得'项目计征个人所得税。"

《个人所得税法》第二条第一款规定如下。

下列各项个人所得,应当缴纳个人所得税:

(一)工资、薪金所得;

(二)劳务报酬所得;

(三)稿酬所得;

(四)特许权使用费所得;

(五)经营所得;

(六)利息、股息、红利所得;

(七)财产租赁所得;

(八)财产转让所得;

(九)偶然所得。

《个人所得税管理办法》第三十五条第一款第四项规定:"加强个人投资者从其投资企业借款的管理,对期限超过一年又未用于企业生产经营的借款,严格按照有关规定征税。"

在上述案例中,林某并未将这笔借款用于企业生产经营且超期一年未归还,依据上述三条规定,林某未归还的借款视为该房地产公司给其分配的红利。依照"利息、股息、红利所得"项目计征林某的个人所得税,适应税率为20%,林某应缴纳200万元×20%＝40万元的高额税款。

股东借公司款不还,对于企业与股东个人来说都是有害无益的。此案例给企业的启示是为了规避由股东借款引发的缴税风险,公司可以自行检查账面上是否存在以下几点问题。

① 公司账面上是否存在股东个人或其直系亲属的借款。

② 股东个人借款是否超出一个纳税年度仍未归还。

③ 股东个人借款是否用于企业生产经营；如果是，能否提供相关证据进行证明。

第 12 章

前景展望：
动态股权分配制度何去何从

作为新兴的股权分配制度,动态股权分配制度在绝大多数企业中的普及率并不高,少部分使用者的实施方法也可能存在偏差。针对这种情况,本章讲述动态股权分配制度在当下的应用场景,以及企业在实际实施该股权分配制度时应该注意的问题。最后,本章将结合动态股权分配带来的两种趋势,引导企业更高效、合理地使用该股权分配制度,帮助企业实现高质量发展。

12.1 动态股权分配的现有应用场景

融资问题是公司经营过程中的常见问题。初创公司融资一般分为风险投资和股权众筹,这两种融资方式都可以运用动态股权分配制度,让股权分配更加灵活,产生更好的资本管理效果。

与风险投资共存

风险投资是指投资行为具有风险性。而风险性往往与收益性成正比。

所以，从广义上看，风险投资是指一切具有高风险和高收益的投资行为；从狭义上看，风险投资是指以高新技术为基础，对生产与经营技术密集型企业的投资。

今天的百度俨然已经成为我国互联网行业的标杆企业，然而，它在创立之初也只有少量的几个合伙人及启动资金。百度之所以能有今天的成就，是因为其在发展过程中不断得到了风险投资。这样一来，其发展过程中遇到的资金问题也就得以解决了。所以，百度才能专注于技术上的研发，不断创造新的辉煌成绩。

风险投资为许多处于初创期的创业企业提供了发展的机会和可能，但风险投资者不会盲目地投资。风险投资的实质是购买被投资对象的股权，进而分享其经营利润。简单地说，风险投资者希望能通过投资行为实现资本增值的目的。因此，当风险投资者觉得该投资项目没有发展前途、无利可图时，他们是不会轻易地提供资金的。

风险投资的方式可以分为以下三种：

第一，直接投资；

第二，提供贷款或贷款担保；

第三，提供一部分贷款或担保资金，同时投入一部分风险资本购买被投资企业的股权。

尽管具体的风险投资方式有所不同，但它们拥有一个共同的性质，那就是风险投资人都会附带提供增值服务。

资金实际进入被投资公司有两种具体的方式：一种是将承诺的资本一次性投入；另一种是将资金分期分批投入被投资公司。显然，在这两种投资方式中，第二种投资方式更具有优势，因为它可以有效降低投资者的风险,还能加速投资者的资金周转。因此,我们也就不难理解为什么在风险投资中一次性投资行为是较少见的。

在风险投资的各个阶段,企业都可以考虑运用动态股权分配制度。下面以天使投资的股权分配为例,介绍动态股权分配制度是如何与风险投资结合的。

个人出资协助具有专门技术或独特概念的原创项目或小型初创企业的行为,被称为天使投资。简单地说,天使投资就是某项目接受的第一次投资行为。

天使投资与其他所有的投资行为一样,投资者希望能从中获得收益,实现资本增值的目的。一般来说,天使投资阶段的投资规模在200万~2 000万元,而被投资的公司则要向天使投资者提供10%左右的股权。因为公司在发展的过程中很可能还要经历A轮融资、B轮融资等阶段,所以如果在天使投资阶段就给予投资者过高份额的股权,那么可能会影响后续融资过程的正常进行。

拥有的股权比例越大,就意味着投资者能从公司经营所得的利润中获得的分红越多。而对于被投资公司的原股东来说,则意味着自己对公司的控制权将变少。考虑到后期融资及员工股权池的设立,公司实际创始人的权力很可能逐渐被架空。

与股权众筹相结合

股权众筹是一种较常见的融资方式,它是指公司以出让一定比例的股权为条件来吸引投资者,获得发展所需的资金。这是一种基于互联网渠道的融资方式,其面临的投资者大多为普通投资者,门槛低,成功率却相对较高。由于其融资方式的特殊性,与动态股权分配制度结合后,将会带来更好的效果。

某创业公司在众筹平台上展示了其众筹项目,投资者为该项目投入资金,也就意味着购买了该创业公司的原始股票。通过这种方式,该创业公司获得了近千位众筹股东的出资,共募集启动资金近400万元。

由此可知,股权众筹即融资者通过互联网众筹平台展示自己的项目信息来吸引投资者,其对投资者的回报就是公司的股权。该融资模式具有强适应性与高效率的特点。

从股权众筹的定义中,企业能得出如何利用股权众筹为自己募集资金的方法,具体步骤如下。

首先,企业应策划一份股权众筹计划书,将自己的创业项目详细地介绍给潜在投资者。事实上,之所以会有人为众筹项目投资,是因为投资者希望能从中获得利益,实现资本增值的目的。这也就意味着,如果创业项目的潜力巨大,且未来的收益情况十分乐观,那就能吸引较多的人参与众筹项目。当然,通过股权众筹计划书,投资者基本能明确创业项目的潜力、未来的收益情况等重要问题,从而为是否进行投资行为做出最终的决定。

其次,企业需要寻找一个合适的股权众筹平台。如今,我国已有很多众筹平台,包括点名时间、开始众筹、众筹网、淘宝众筹、京东众筹等。这些众筹平台各自的侧重点有所不同。例如,京东众筹以技术创新类项目为主,而淘宝众筹则以娱乐类项目为主。

最后,为了取得投资者的信任,也为了让投资者能放心地参与众筹项目,企业还可以找一位担保人。毫无疑问,当投资者觉得自己的投资行为的安全性越高时,他们参与投资的可能性就越大,投资的额度也会越多。

明确了股权众筹的概念后,我们再来看股权众筹的动态分配模式。

从投资者的角度来看,股权众筹的收益越多越好。但是,从创业者的角度来看,股权众筹募集到的资金能够达到自己预设的目标,同时还能够维持自己对公司的控制权,这是最佳状态。为了达到这个目的,创业者可以将股权众筹的分配模式与动态股权分配制度结合起来。

股权众筹主要是以股权作为回报。投资者根据自己所投的资金额度获得众筹活动发起公司的股权,然后根据自己的股权占有份额分享公司的经营利润,这就是股权众筹者的投资收益的来源。通常情况下,投资者都是按照这种模式获得投资收益的。但是,这涉及一个问题,即公司的经营利润是不确定的。如果公司的经营情况不太乐观,没有产生经营利润或经营利润较少,那就意味着投资者不能获得收益或获得的收益极少。

为了解决这个问题,也为了推动股权众筹事业朝着健康、规范化的方向发展,我国出台了与股权众筹相关的法律法规。根据我国的实际情况,股权众筹的运营模式可以分为以下三种。

(1)凭证式

所谓凭证式众筹,是指在互联网众筹平台上通过提供凭证或股权捆绑的形式进行募资。投资者根据自己的出资额获取相应的凭证,凭证与股权挂钩,但不是股权。投资者获得了凭证,但不是公司的股东,不干预公司的运营事宜,只享受分红。

(2)会籍式

会籍式股权众筹是指在互联网众筹平台上通过熟人介绍,向众筹项目投资并直接成为该项目的股东。简单地说,选择会籍式众筹投资的投资者将成为所投资项目的会员，将有权对公司的运营及其他事项进行提议和表决。

(3) 天使式

天使式众筹与会籍式众筹有相似之处，即两者的投资者都将成为所投资项目的股东。天使式众筹的主动权更多掌握在投资者手中，因为投资者往往是在互联网上主动搜寻投资项目进行投资并成为该公司的股东。一般来说，选择天使式众筹的投资者会提出明确的回报要求。

12.2 关于动态股权分配的这些问题值得探讨

虽然动态股权分配制度有助于公司的发展，但如果实施过程不合理，则会给公司造成严重的后果。本章将结合具体案例，讲述如何认定"关键人"与"关键股"，以及动态股权分配的原则，帮助企业规避相关的不良后果。

"关键人"与"关键股"的认定

相对于传统股权分配制度，动态股权分配制度的优势非常突出，越来越多的企业开始使用这种制度。既然涉及"动态""分配"两个关键词，那么在实际分配过程中就一定有主次之分。如何对"关键人"与"关键股"进行认定呢？

（1）对"关键人"的认定

2019年7月以来，某企业的股价持续走低，甚至接连创下历史新低。在这种紧急的时刻，某股东积极应对该企业出现的问题，提出了重整股权激励方案和大幅度加薪的建议。

此前，该企业为了寻求更大的发展空间，将目光投向了商业地产开发领域。再加上该企业内部出现权力之争，导致该企业忽视了部分股东的利益，使股东对管理企业的积极性不高。

该股东临危受命，掌握该企业的控制权后仔细分析了其中出现的问题，重新对股权激励方案进行了修改，并在企业基层实施了大幅度加薪措施。果然，此后该企业的士气再度高涨，企业又迎来了新一轮的发展期。

由此可见，在动态股权分配的过程中，关键股东的意义非常大，确定关键股东是十分重要的事情。一般来说，关键股东主要可分为以下四类。

① 对公司的发展做出重大贡献的股东

这类股东是公司的功臣，善待这类股东既是公司知人善任的体现，也是公司对股东的贡献与能力的肯定。这种奖励制度将会吸引和鼓励更多股东全身心投入工作中，为公司的发展做出更大的贡献。

② 拥有特殊才能的股东

这类股东往往具有较大的潜力和爆发力，经常会给公司带来意想不到的惊喜。例如，"泡面吧"网站的创意和技术都来源于俞昊然。而俞昊然在计算机方面可谓是一位天才，当时他有"技术神童"之称。"泡面吧"的创意是俞昊然在不经意之间想出来的。有了这个想法后，俞昊然立即付诸行动。于是，一套完整的程序被写出来后，"泡面吧"随之正式诞生。

众所周知，当下的社会竞争是非常激烈的。任何一家想在激烈的竞争中脱颖而出的公司都无法离开股东的大力支持。所以，拥有特殊才能的股东对于公司的发展有非常重要的意义。除此之外，拥有超高智慧的股东及拥有超强能力的股东都是值得重视的人才，这类股东也往往是很多公司争相挖掘的人才。将这样的股东作为关键股东，也是在为公司挽留重要的人才。

③拥有丰富的资源与经验的股东

公司在发展过程中会面临各种各样的问题，而解决这些问题可能需要各种各样的资源与经验。显然，拥有丰富的资源与经验的股东在此时具有明显的优势。当出现一些较棘手的问题时，这些股东能够快速有效地帮助公司解决。这类拥有丰富的资源与经验的股东往往是可遇而不可求的。一旦有这样的股东，公司应竭尽所能将其留下。这类股东为公司带来的实际价值，远高于公司为其分配的股权利润。

④有希望为公司创造价值的股东

这类股东实际上较容易被忽视，即所谓的"潜力股"。这类股东的能力在短期内无法完全凸显出来，而是要经过一段时间的历练后才会有较明显的表现。这类股东能为公司带来的价值往往不稳定，因此容易被忽视。但从长远来看，这类股东也应该受到重视。

（2）对"关键股"的认定

简单地说，股权即公司股东的权利。股权占比越大，意味着股东在公司中享有的权利越大。所以，认定关键股份的第一个核心要素就是控制力。而公司要想发展，离不开股东的努力，关键股份能够激励股东为公司的发展做出更大的贡献。换句话说，认定关键股份的第二个核心要素就是股份激励能力。

第12章 前景展望：动态股权分配制度何去何从

不论是控制力还是股份激励能力，它们对于公司的发展都是至关重要的。因此，认定关键股份的重要性也就不言而喻了。从这两个角度出发，再对关键股份进行认定，企业会有更深刻的理解，也能制定更合理、更科学的对策。

王杰从农业大学毕业后，成立了一家农业技术指导公司，为乡亲们提供农业技术指导。在为期半年的指导过程中，王杰发现乡亲们种植的农作物品质较单一，且种子的品种较原始，因而萌生了自己培育种子的想法。

为了将这个想法付诸实践，王杰请来了几位大学同学作为合伙人。起初，大家合作得非常愉快。但是，在培育工作有了一定的成果、公司的规模开始扩大后，王杰与合伙人之间的矛盾也日益凸显出来。

王杰成立公司的初衷是为了帮助乡亲们，因此他将自己的所有精力都投入其中。不论是为乡亲们提供技术指导，还是向乡亲们出售培育的新种子，他都只收取成本费。而其他合伙人则认为这样做的利润太低，应该对公司的经营模式进行改革，面向整个市场。尽管王杰不支持这种做法，但由于其他合伙人共同持有的股权总量比他多，他对这个结果无能为力，只有接受。

认定关键股份的第一个核心要素是股权对应的控制力。我们从这个案例中可以明显看出，股权与控制力之间具有一致性。谁掌握的股权多，谁就对公司拥有更大的控制权。而拥有绝对控制权的人就可以左右公司的发展方向和进程。当然，这是针对合伙公司来说的。一人独资的公司，其控制权是绝对集中的，不存在控制权的争夺问题。

事实上，一家公司必须要有一位掌握关键股份的人。尽管实行了动态股权分配制度，也要保证掌握控制权的人能够拥有关键股份，否则公司将会失去引领者。从这个角度来看，关键股份对于公司具有至关重要的意义。

认定关键股份的第二个核心要素是该股份是否对股东有足够大的激励性。如果没有关键股份和动态股权分配制度作为激励，合伙人的积极性便难以调动起来，公司的发展情况更会因此而打折扣。要想激励合伙人积极投身到公司的发展事业中，就要以牺牲引领者的一部分控制权为前提。其中的道理很简单，对股东进行股权激励的股权是从引领者的股权中划分而来的。

动态股权分配的两项原则

为了使动态股权分配制度发挥最佳效果，企业在实施该制度时必须遵守以下两项原则。

（1）所有的创业团队成员都必须参与并取得共识

腾讯公司于其成立的18周年纪念日时向员工赠送了一份感恩礼包——价值约15亿元人民币的股票。这份感恩礼包无疑能极大地刺激员工的工作积极性，从而推动整个公司的发展。

员工拥有了公司的股权，也就成为公司的一分子。从此，员工的利益与公司的利益便紧紧捆绑在一起。但要注意，员工拥有的这些股权不是立马就能兑现的，而是要经过一定的时间才能转化为实际收益。此举能将优秀员工留下，让其尽可能长久地为公司做贡献。这就是一种典型的动态股权分配方式。

（2）公正透明、奖惩有据

在实施动态股权分配制度时，正确的做法应该是公正透明、奖惩有据。

企业要想保证自身的竞争力，让每一位成员都能够各尽其职，就要根据每一位成员的特点为其分派任务。如果每一位成员承担的职责都是其感兴趣的、擅长的，那么其落实职责的动力便会随之增长。

在动态股权分配制度的背景下，企业为了提高整体效率，可以实行股权等级制。简单地说，就是不实行平等的股权分配方式，而是根据每一位成员的职责为其划分相应的股权。

在此基础上，企业再增加股权奖惩制度。例如，在每季度末对各持股成员进行评比，做得好的成员能多获得一些股权，做得差的成员会被降低股权份额。两种制度相辅相成，这样企业中的所有持股成员都会尽职尽责。

12.3　变革创新：动态股权分配带来的两种趋势

动态股权分配作为一种新型股权分配方式，必然会为企业带来冲击与改变。企业要顺应其趋势，结合自身情况去接纳新事物，以保持旺盛的生命力。

所有权与经营权、收益权分离

此处的所有权与经营权、收益权分离，实际上是两种情况的两权分离，分别为所有权与经营权分离、所有权与收益权分离。

第一种两权分离是指随着股份制企业的出现而形成的，将企业的所有权与经营权分离的企业经营方式。其中所有权是指财产归属权，经营权则是指管理权。由于企业所有者个人的能力有限，如果其经营能力跟不上企业发展的速度，就会选择经营能力强者来代替自己，两权分离的企业经营方式也随之形成。

例如，电视剧《都挺好》中，女主角苏明玉任职的众诚集团，其所有权在以蒙总为代表的公司股东手中，而实际经营权在以苏明玉为代表的中高层手中。

这种两权分离的企业经营方式有以下优点。

（1）提高企业的经营管理水平

由于企业所有者自身的经营能力不足，委托具备专业知识与能力的经营者来经营企业，能提升企业的经营管理水平，帮助企业获得更多收益。

（2）使企业的管理方法更加科学、合理

虽然部分企业所有者能完成企业资本的原始积累工作，但掌握不好企业的发展规则。要科学地管理企业，必先合理地设计企业的架构。而专业人才具备相应的专业能力，其决策的正确率普遍高于企业所有者，可以减少因决策失误带来的不良后果。

但是，两权分离的经营方式同样存在风险。因为企业的实际掌控者依然是企业所有者，部分代经营者的工作积极性可能略低于企业所有者。《都挺好》中众诚集团高管柳青的怠惰表现就是典型的例子。

此外，代经营者的薪酬是固定的。当面对企业的巨额利润时，部分代经营者可能难以抵挡诱惑，在未得到有效监督的情况下发生贪污、挪用公款等行为，因而增加了企业的经营风险。《都挺好》中众诚集团的蒙总就始终担忧苏明玉、毛总监等手握实权的人会以权谋私，对他们始终抱有猜忌心理。

因此，企业所有者与经营者必须协作共赢，才能够让企业快速发展。

结合动态股权来看，企业的大股东不一定就是手握经营权者。优质的企业应该是所有股东话语权平等，能够共同为企业建设提供建议，共同探讨企业的发展路线。

第二种两权分离是指股东的所有权与收益权分离。

笔者团队的客户秦某于2020年与几位朋友一起成立了一家公司。几位朋友各有所长，能为公司的运营发展出谋划策，但是秦某却身无长处。笔者团队给出的建议是秦某只需要实缴出资，而不需要参与公司的实际决策与经营过程。但是，由于秦某不参与实际决策与经营过程，为了确保公平，公司在赢利后按秦某实际持股比例的二分之一为其分配利润。

秦某认可笔者团队的方案，经与公司其他股东商议决定：秦某出资货币资产50万元人民币，成为该公司的股东，持股比例为20%；公司则在赢利后按10%的持股比例为其分配利润。

每一位股东的个人能力都是不同的，动态股权分配机制能够灵活利用各位股东的长处。在股东所有权与收益权分离的设定下，决策与经营能力弱的股东可以不参与公司的决策与经营过程，也避免了其因能力不足却强行参与决策而导致决策失误的风险。

上述两种两权分离的形式适用于不同情况的，但互不冲突。由于可以根据自身情况灵活使用这两种方法，充分发挥每一位股东的长处，越来越多的企业都开始在实际经营中使用它们，其已经成为一种流行的管理方法。

从"内部人控制"到"内部人监督"

"一股独大"是许多上市公司一直存在的问题。这些公司由于董事会结构不合理,往往极易忽略与侵犯小股东的利益。"一股独大"的弊端主要表现在以下三个方面,如图 12-1 所示。

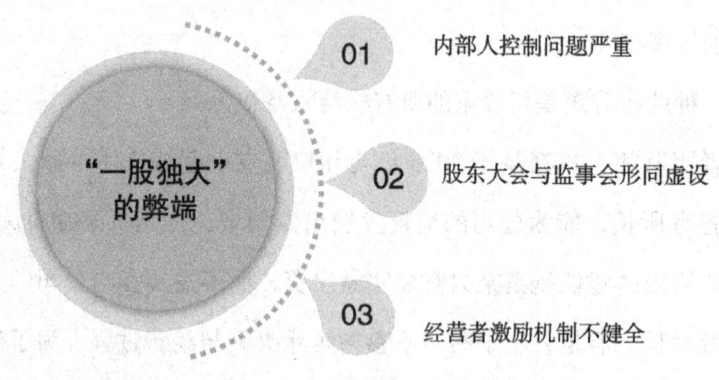

图 12-1 "一股独大"的弊端

(1) 内部人控制问题严重

该问题的主要表现形式如下。

① 大股东在职过度消费,例如,公款吃喝、购买豪华办公设备等。

② 大股东侵占公司资产,例如,利用职务之便以权谋私,损害公司利益。

③ 大股东滥用职权,例如,滥发工资和福利。

④ 公司信息披露不规范、不及时,各股东之间信息不对称等。

(2) 股东大会与监事会形同虚设

股份制企业都会设置股东大会与监事会,但由于"一股独大"的公司权利单极化,其股东大会形同虚设。相应地,监事会也无法发挥监督作用。

（3）经营者激励机制不健全

"一股独大"的公司激励机制僵化，股东个人收入与公司业绩联系较弱，具体表现为报酬结构不合理、总体持股人数少、人均持股比例低。

采用动态股权分配机制就能够改善上述问题，它能够帮助公司健全股权激励机制，优化公司治理结构。动态股权分配制度保证了各股东在话语权方面的平等性。在此基础上，经股东大会选举产生监事会。这种条件下产生的监事会能更好地对全体股东负责，让公司真正实现从"内部人控制"到"内部人监督"的目标。

但有一点需要企业注意，监事会的构成人员不必完全是内部人员，企业可以聘请有关专家或社会知名人士来提升监事会的效力。

从利益分配的关系来看，动态股权分配制度是一种能真正实现互利双赢的措施。因为动态股权分配制度意味着股权分配份额是不固定的，它会随着个人的职位、业绩等因素的变化而发生变化。职位越高，业绩越好，也就能获得更多的股权，因而可以从公司的经营利润中分得更多的报酬。毋庸置疑，每个人都希望自己的工作成果能换来更多的报酬，这既是物质的需要，也是精神的需要，即自我肯定的需要。

当公司经营者认可了动态股权分配制度，并将这种制度运用到自己公司的经营中时，公司的业绩将会呈现出不一样的状态，公司的发展前景也会出人意料。虽然"一股独大"的问题是当今大多数企业的通病，但随着动态股权分配制度的普及，这个"顽疾"一定能得到大幅度的改善。